AF391496

COLLECTION

DE

ROMANS NOUVEAUX.

TOME SEPTIÈME.

« ah! je consens à tout, Sauvez ma fille. »

AUGUSTA,

OU

TABLEAU COMPARATIF

DES

MOEURS FRANÇAISES

ET DES MOEURS ANGLAISES;

Avec des Notes très-instructives.

Par un Emigré.

TOME SECOND.

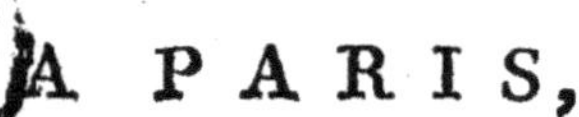

A PARIS,

Chez Ducauroy, Imprimeur-Libraire, rue
et Maison Sorbonne, n°. 382.

An ix -- 1800.

AUGUSTA

AUGUSTA

LETTRE XLIII.

DU MARQUIS DE VALBONT, A
MISS AUGUSTA.

*Du château de L****
du 30 avril.

A PEINE rendu dans ma solitude,
adorable amie, je reçois un témoignage de votre souvenir ou plutôt de
l'amour le plus tendre. Je croyais
avoir laissé près de vous l'organe de
tous mes sentimens; mais j'ai senti
palpiter mon cœur en ouvrant votre
lettre ; en la lisant, mille sensations
délicieuses ont rempli tout mon être,
et cette cruelle absence où je pensais
ne trouver que privations et douleurs,
m'a déja donné la plus douce jouissance. Ah ! si je puis encore goûter
le bonheur loin de vous, il faut qu'un

TOME II.

pur et véritable amour soit exempt de peines et d'infortunes. Vous ne m'aimez pas comme je vous aime, si vous écoutez encore de faux pressentimens, si vous doutez une minute que nous soyons nés l'un pour l'autre, si vous pouvez croire, en un mot, que quelque puissance ait le droit de rompre nos nœuds. Mais j'aime à me persuader que si la timidité naturelle à votre sexe vous inspire quelquefois des craintes pusillanimes, Augusta, rendue par de mûres réflexions à son propre caractère, s'unira de cœur, d'âme et de volonté, à l'amant qui l'adore, pour seconder ses soins et soutenir ses démarches. Pénétrez-vous bien, trop craintive amie, de l'inébranlable résolution de m'appartenir, et votre fidèle amant se charge de tout le reste ; sans cette indispensable détermination, le plus léger contretemps deviendra pour nous un grand obstacle, les difficultés renaîtront sans cesse, et nous serons infailliblement les plus malheureuses victimes qu'ait jamais faites l'amour. J'écarte loin de moi cette désolante idée ; la vertu n'agit point aveuglément ; Augusta saura juger que dans le nombre des devoirs auxquels elle se croit assujétie , il en est qu'on peut, et qu'on doit même sacrifier à l'hymen.

Ton amant, ma chère amie , quoiqu'éloigné de toi, ne sera pas sans plaisirs. Ce portrait charmant que la main de l'amour traça furtivement sans que tu t'en sois aperçue , qui me peint fidèlement ton image adorée , m'aide à supporter les tourmens de l'absence. J'ose au moins lui prodiguer mille caresses ; je crois le voir répondre à mes tendres embrassemens, et cette illusion chérie, que l'idée de tes sentimens soutient et fait renaître, me prépare mille douceurs. La tresse de tes cheveux que je reçus dans un temps plus fortuné , et que je porte toujours sur mon cœur , donne un air de vérité à ces agréables chimères;

enfin, tes lettres que je relis à tout instant, et l'espoir de te revoir bientôt, me rendront heureux en dépit de la distance qui nous sépare. Si tu étais également satisfaite, si les mêmes jouissances pouvaient plaire à ton cœur, je n'aurais plus qu'un desir à former.

Adieu, ma très-chère amie, mon cœur plein des vertus que tu lui inspiras, saura, j'espère, les pratiquer, j'emploierai mon temps loin de toi à faire des heureux ; mais c'est à tes pieds qu'ils doivent porter le témoignage de leur reconnaissance.

LETTRE XLIV.

LE MARQUIS DE VALBONT AU CHEVALIER DE BARVILLE.

*Du château de L*** 10 mai.*

JE conviens, mon bon ami, que j'ai de grands reproches à me faire envers toi ; mais mon âme vient d'être livrée à des tourmens si violens, mon existence a été tellement orageuse depuis ma nouvelle inclination , que ma négligence ne doit pas te paraître étrange. Quand on éprouve les plus fortes agitations de l'amour , on oublie les devoirs de la tranquille amitié. Tu me connais assez pour rendre justice à mon cœur, et c'est ce qui me tranquillise sur mes torts à ton égard. Reçois ici les témoignages de toute ma gratitude , pour les soins que tu as pris en ma faveur , ils ont été fructueux ; j'ai déja reçu une lettre de M. le duc de V***, il m'annonce qu'il espère sous peu faire revenir le roi sur mon compte.

Je desirerais bien peu mon rappel, mon cher chevalier, s'il ne me ramenait dans le lieu qu'habite mon amante. Fatigué de représentations, excédé de la vie qu'on mène à la cour, je n'aspire plus qu'à passer des jours tranquilles auprès de celle que j'aime ; je

vois aujourd'hui tout le vide de l'ambition, cette carrière perfide ne vous
présente que de faux plaisirs et de
trompeuses jouissances ; n'a-t-on pas
toujours vu l'homme vertueux et sage
s'en éloigner ? Il ne veut pas se trouver engagé dans une arêne que par-
courent des gens corrompus, faux
par intérêt, immoraux par principes,
et qui, parés des beaux dehors de
la franchise, vous font mille protes-
tations d'amitié, au moment même
qu'ils méditent sourdement l'occasion
de vous perdre. Jamais je n'avais
passé huit jours dans aucune de mes
terres ; à peine étais-je dans les cours
du château, que l'ennui s'emparait de
mon âme, et je quittais très-prompte-
ment la campagne où je ne pouvais me
souffrir. Maintenant la solitude a des
charmes pour moi, je vois avec intérêt
croître les riches moissons, qui coû-
tent tant de travaux et de sueurs à
cette classe d'hommes si utiles et si
estimables ; je reçois avec sensibilité

(7)

les marques d'attachement que mes
vassaux me donnent, et je rencontre
chez eux cette sincérité, cette aimable candeur qu'on ne trouve que
dans le cœur d'Augusta et au village ;
je goûte même un plaisir indicible à
soulager l'infortune, et j'ose dire que
cette jouissance est bien chère à mon
cœur. Je suis loin de m'enorgueillir
de cette vertu malheureusement trop
rare ; avant de connaître Augusta,
j'en sentais peu le charme et l'utilité,
et si mon âme ne chérit plus que le
bien, je le dois à l'heureuse influence
des sublimes qualités de mon amante.

Adieu, mon cher chevalier, j'espère que ta nouvelle maîtresse saura
te faire oublier toutes les peines que
t'a données l'amour ; je vois peu
d'obstacles à ton union avec elle, et
tu es peut-être bien plus près que moi
du bonheur. Crois du moins que mes
vœux se partagent exactement entre
tes succès et les miens.

LETTRE XLV.

Miss Sophie a miss Augusta.

Londres, 18 mai.

J'ai tant de choses à te raconter, ma chère Augusta, que je ne sais trop par où commencer. Je te dirai d'abord, comme l'article qui doit le plus t'intéresser, que ton amie est au comble de ses vœux, et qu'elle sera dans trois mois vicomtesse de Barville, c'est-à-dire la femme de mon cher chevalier. Revenue de ta grande surprise au sujet d'un événement que tu devais croire sans doute si reculé, j'espère que tu admireras l'habilité de ma conduite, et que tu t'empresseras de la prendre pour modèle.

Depuis ma course après le charmant papillon, je ne m'occupais plus qu'à chercher un moyen qui pût m'unir promptement à celui que j'aimais.

Il s'en présenta beaucoup à mon imagination, et je n'étais en peine que sur le choix de celui qui me ferait le plutôt arriver à mes vues. Un événement heureux vint me tirer de mon incertitude et fixer irrévocablement l'époque de mon bonheur. Tu sais que depuis long-temps M. D*** affichait la prétention de devenir mon époux, ou plutôt desirait d'unir mes terres aux siennes qui les touchent, et je ne crois pas l'avoir jamais flatté à ce sujet. Peu sensible à l'éloignement que je lui témoignais, il continuait de me donner des soins; ses espérances étaient fondées sur l'idée qu'il pouvait justement se former, que ma famille verrait avec plaisir mon mariage avec lui. La grande fortune qu'il possède lui persuadait aisément qu'il n'avait point de rivaux à redouter, et en effet, il en aurait peu trouvé auprès de ces femmes qui apprécient les richesses plus que tout autre avantage. Il attendait donc pa-

tiemment que ma raison, ses soins et
le desir de ma famille me disposâssent
plus favorablement sur son compte;
mais vraisemblablement il s'aperçut
qu'il régnait entre le chevalier et moi
quelque intelligence; que je prenais
grand plaisir à le voir, à m'entretenir
avec lui; et redoutant l'inclination
réciproque qui pourrait naître entre
nous, et qu'il était, je crois, loin de
soupçonner, il se détermina, sans
m'en instruire, à demander ma main
à ma famille.

Hier matin j'étais encore au lit : je
fus très-étonnée de voir entrer ma
mère dans ma chambre à la pointe du
jour. « Je viens, ma fille, me dit-elle,
« vous annoncer à votre réveil une
« nouvelle qui vous réjouira. » Je
saute au cou de maman, et après
l'avoir embrassée, je lui dis, avec l'impatience de la curiosité : « Que m'allez-
« vous donc apprendre, maman? —
« M. D***, continua-t-elle, vient de
« solliciter votre main; le grand avan-

« tage qui doit résulter pour vous de
« cet établissement, et l'étroite liaison
« qui a toujours régné entre cette fa-
« mille et la nôtre ne nous a pas fait
« balancer à la lui promettre. Cet évé-
« nement assurera, j'espère, votre
« bonheur, et fera le suprême con-
« tentement de votre famille. Je suis
« ici pour recevoir votre consentement
« qui doit mettre le sceau à la pro-
« messe de votre père et à la mienne. »

A peine maman eut-elle fini de parler, qu'un tremblement me saisit.
Confuse et honteuse, je me reproche
de ne l'avoir pas instruite de mon
amour pour le chevalier, et des engagemens que j'avais pris avec lui.
Mille pénibles sentimens m'agitent,
un profond silence, quelques pleurs
font toute ma réponse. Maman très-
étonnée de ma conduite, me demande
si c'est la joie ou la peine qui me cause
une si vive émotion. Implorant son
indulgence, je me jette dans ses bras ;
je lui fais part de ma forte inclination

pour l'époux qu'avait déja choisi mon cœur, et de toutes les particularités qui s'étaient passées entre le chevalier et moi, ajoutant avec fermeté, que nulle puissance au monde ne pouvait rompre les liens qui m'attachaient à lui, et m'engager encore moins à donner ma main à un autre. « Voilà, « ma fille, » me répond maman avec humeur, « une invariable résolution « qui prouve combien vous êtes peu « soumise aux desirs et à la volonté « de vos parens ; c'est pourtant le pre- « mier devoir d'une fille bien née. « Allez, » me dit-elle avec sévérité et en s'éloignant, « vous n'aimâtes ja- « mais une tendre mère, et c'est ainsi « qu'on perd ses enfans par le trop « grand attachement et l'excessive « complaisance que l'on a pour eux. » Sophie ne résiste pas à cet injuste soupçon, et courant après maman qui était prête à sortir de mon apparte- ment, je la retîns et lui dis : « Ah ! « pardonnez-moi, si votre malheu-

« reuse fille a pu vous déplaire, elle
« ne fut jamais indigne de vos bontés,
« vous lui serez toujours plus chère
« que la vie. Si vous voulez son sup-
« plice, rompez les liens de son cœur,
« ordonnez les apprêts d'un hymen
« qui lui devient odieux, votre fille
« soumise obéira ; mais il vous reste à
« faire creuser son tombeau. »

Maman vivement attendrie, oublie
tous mes torts, et me dit en se livrant
au doux sentiment de la nature : « Je
« n'ai point cessé, ma fille, de vous
« aimer, j'ai seulement été mortifiée
« que vous méconnussiez ma ten-
« dresse, je suis bien éloignée, ainsi
« que mon mari, de vouloir vous
« donner un époux que votre cœur re-
« jette. Puisse l'inclination que vous
« avez formée, vous procurer un
« parfait bonheur, et nous aurons
« assez vécu ! je donne mon consen-
« tement à votre choix, je vais ob-
« tenir celui de votre père, et retirer
« la promesse que nous avons faite
» à M. D***. »

Pourquoi donc, ma chère amie, ne sait-on rien exprimer quand on sent si vivement? Je ne pus que prendre les mains de maman et les couvrir de baisers. Elle se dérobe à mes caresses pour aller trouver mon père, et bientôt après, ils entrent ensemble chez moi où ils m'accablent tous deux des marques les plus expressives de l'amour paternel. Ah! si le ciel peut se laisser toucher par les prières des mortels, il sera sensible, j'espère, aux vœux ardens que je ne cesserai de lui adresser pour qu'il comble de ses plus rares bienfaits les chers auteurs de mes jours.

J'instruisis sur-le-champ le chevalier, des intentions favorables de ma famille, et depuis cette époque, il est regardé comme l'enfant de la maison, où il mange presque tous les jours. M. D*** est, dit-on, furieux, il est parti pour la campagne. Dieu veuille qu'il y reste long-temps, et qu'il ne vienne pas troubler ici par sa présence et ses menées, le parfait bonheur de deux amans et de toute ma famille.

Adieu. Puisse-tu être bientôt aussi près que moi du comble de tes vœux!

LETTRE XLVI.

DU CHEVALIER DE BARVILLE AU MARQUIS DE VALBONT.

Londres, 9 mai.

Le sort, mon cher marquis, s'est enfin lassé de me poursuivre. Mon mariage est arrêté avec cette amante chérie dont je t'ai si souvent entretenu. Ah! je pardonne à l'amour tout le mal qu'il m'a fait, si je lui dois le cœur et la main de Sophie.

Cependant, mon ami, je me méfie si fort de mon étoile, que j'ose à peine me livrer à la joie que je ressens. Quand je jette un coup-d'œil sur le cours de ma vie, je frissonne, et je ne puis me persuader que celui qui a éprouvé tant de malheurs puisse un jour être heureux. Tu n'as jamais connu l'enchaînement de mes infortunes ; je vais en mettre sous tes yeux le tableau raccourci. Considère-le, et tu blâmeras peut-être moins les pressentimens secrets qui viennent souvent troubler ma grande satisfaction.

Né le huitième enfant d'une famille riche et puissante, je fus, dès ma naissance, livré à des mains étrangères. La première nourrice à qui l'on me confia, eut si peu de soin de moi, qu'elle força mes parens de me donner à une autre qui, toute aussi négligente, les obligea de nouveau à chercher dans des nourrices mercenaires une femme douée d'une affection maternelle, comme s'il était possible d'inspirer à une femme à laquelle un enfant est étranger, les sentimens de la nature. Je ne fus guères plus heureux avec celle-ci qui, cependant, m'empêcha de mourir en allaitant, avec un lait de deux ans à moitié tari, un enfant de trois mois. C'est à cette cause que je dois la constitution faible et délicate qui m'assure une vieillesse prématurée et douloureuse. Comment les gouvernemens sages n'ont-ils pas fait une loi pour forcer toutes les mères à remplir le plus sacré de leurs devoirs? Pourquoi, du moins, l'opinion ne couvre-t-elle pas d'infamie, une mère qui, sans raison légitime, se sépare avec indifférence de son enfant? Son sein recèle le vrai principe de vie de l'être à qui elle vient de donner le jour; la nature a mis dans son cœur un sentiment qui ne peut se trouver dans aucun autre, et d'où naissent les soins indispensables à l'heureux accroissement de son fils. Ah! qu'une mère me paraît respectable en remplissant cette honorable tâche! Comme je la vois au-dessous de la brute, quand elle renonce à nourrir son enfant! L'homme met sa gloire à défendre sa patrie, c'est sur son courage que sa sûreté et son indépendance reposent, et c'est par un entier dévouement à son pays, qu'il se rend le plus digne d'être honoré des nations étrangères, et chéri, respecté de ses concitoyens. Quelle peut être la vraie gloire d'une femme? Celle qui peut lui mériter au plus juste titre les respects et la reconnaissance publique. Elle consiste à posséder les vertus d'une mère, à se consacrer toute entière à ses enfans, et à ne confier à qui que ce soit les premiers soins de leur berceau. Ces réflexions que je n'ai pu m'empêcher de faire, m'ont un instant détourné du sujet dont je veux t'entretenir. J'y reviens donc, mon cher marquis.

A l'âge de quatre ou cinq ans on me fit venir à la maison paternelle. Là, j'éprouvai le sort injuste et malheureusement trop commun aux derniers enfans des nombreuses familles. Peu chéri de mon père et de ma mère, traité durement par mon frère aîné, pour qui les auteurs de mes jours avaient la plus aveugle et la plus ex-

clusive tendresse, (1) je menai l'e-
xistence laplus pénible jusqu'au moment où je fus conduit à la Flèche.
Toute mon ambition fut d'y mettre à
profit la bonne éducation qu'on y
donne : et m'occupant avec zèle de
mes exercices, mes jours eurent enfin
quelques douceurs. Mon cœur aimant
et sensible forma en peu de temps à la
Flèche une liaison d'amitié. Le malheureux Alphonse m'inspira ce sentiment toujours sincère à notre âge, et
nous nous attachâmes le plus fortement
l'un à l'autre. Un jour, je fesais des
armes avec mon ami, il veut me tirer
un coup de tems sans donner à son
poignet la position nécessaire , mon

____

(1) Ah ! que les pères et mères ont de reproches à se faire , quand, par une tendresse ex-
clusive pour un de leurs enfans , ils renden
malheureux les autres qu'ils devraient également
ment chérir ! Delà naissent ces haines frater-
nelles qui divisent et perdent des familles, en
faisant des individus qui les composent , autant d'ennemis entre eux !.

fleuret lui entre dans la bouche et pénètre jusqu'au fond de la gorge. Il tombe presque sans vie à mes pieds. Dans le plus douleureux désespoir, je veux lui porter quelque secours, il pousse le dernier soupir en me serrant dans ses bras. Peu de temps après ce cruel événement, je quitte la Flèche pour aller joindre mon régiment. J'y portai la tristesse profonde que me causait la perte de mon ami, et la douleur amère de lui avoir innocemment arraché la vie. Toute société m'était insupportable, ce qui me fit passer pour singulier, et m'aliéna l'amitié de mes camarades. Six mois après mon arrivée, le régiment de *Royal* vint dans notre garnison; mon cousin y servait. La vivacité de ses passions et la légèreté de son âge lui fesaient mener une vie qui gâtait son cœur en ruinant sa fortune. Je me permis de lui faire quelques leçons; il eut d'abord l'air de les recevoir avec reconnaissance; mais il ne se corrigea pas. Je voulus renouveler mes représentations ; nous étions à nous promener sur les remparts, il me tint les propos les plus durs, et les continua hautement. Peu sensible à cette brutalité, je n'aurais donné aucune suite à ces mauvais propos ; malheureusement ils avaient été entendus par quelques officiers de nos régimens. Ils assemblèrent tous les autres, tinrent conseil à ce sujet, et décidèrent qu'il fallait qu'une affaire d'honneur lavât l'outrage que j'avais reçu. Désolé d'un résultat qui me forçait de me couper la gorge avec mon cousin, je me rends sur le champ de bataille, résolu du moins de ne défendre que ma vie. Je me bornai donc à parer les coups qu'il me portait. Il s'aperçoit de mon intention généreuse et n'en devient que plus furieux, me disant qu'il ne me demande point de grâce, et que si je continuais ce mépris insultant, il me jetterait son épée à la figure, et que nous prendrions des pistolets. Alors je fis semblant de lui tirer quelques demi-bottes. Dès qu'il s'aperçut que je me défendais, il courut comme un fou sur moi, et se passa lui-même mon épée à travers le corps. Il ne survécut que trois jours à cet événement malheureux. Nous quittons Strasbourg, je fais connaissance dans cette ville avec le comte de Barville. Depuis trente ans il était veuf et n'avaitpoint d'enfans. La conformité de nos noms lui fesait penser que sa famille pourrait être une branche de la mienne. Il fait des recherches à ce sujet, soit qu'il fût flatté dese faire descendre de notre famille, soit qu'effectivement il fût mon parent, il ne m'adopta pas moins pour son légataire universel. Sa succession, était estimée vingt mille livres de rente. D'après cette invariable résolution il envoie chercher le Notaire pour faire un testament en ma faveur; à peine celui-ci est-il entré dans son appartement, que mon bienfaiteur, d'un ca-

ractère naturellement faible et pusillanime, ne peut considérer de sang-
froid celui qui vient tracer ses dernières volontés. Il se trouble, il bal-
butie, et son émotion devient si forte
qu'il se trouve mal. Nous cherchons
à lui donner du secours, les médecins
sont appelés, et nous reconnaissons
tous que nos soins deviennent inutiles à Mr. de Barville, puisqu'il
est tombé dans une paralysie mortelle
qui ne lui donne que quelques momens à vivre. En effet il expira, et
toute sa fortune échut à des parens
éloignés, avec qui il n'avait jamais
eu de relations, même indifférentes,
et qui ne s'attendaient nullement à sa
succession.

Tant de malheurs me fesaient ab-
horrer la vie. Cent fois j'ai fait le
projet de terminer mes jours, et je
l'aurais sans doute exécuté, si l'amour,
qui me préparait des peines plus cuisantes encore, n'était venu m'offrir
une puissante diversion. Je vis l'in-

téressante Adèle, et bientôt mon cœur éprouva cette vive et brûlante impression d'un premier amour. Adèle dépendait d'un père dur et barbare dont le cœur dénaturé n'était ouvert qu'au méprisable sentiment de l'orgueil. Il serait mort de chagrin, si quelqu'un était parvenu à le détromper sur la fable de sa généalogie qui le fesait descendre d'une maison souveraine, et il était bien résolu de ne donner Adèle sa fille, qu'à celui qui pourrait justifier une pareille prétention. Le baron de Glorisac, un de *ses* voisins, bien digne du choix d'un tel père, était l'homme sur qui le comte avait jeté les yeux pour l'établissement de sa fille. Immoral, vain, sans esprit, sans vertus, sans mérite, il traînait, dans une crapuleuse oisiveté, un grand nom que ses ancêtres avaient tant illustré, et que son respectable père avait honoré par [des qualités brillantes. Malheureusement M. de Glorizac perdit dès l'âge le plus tendre,

celui qui aurait pu former son cœur
aux nobles vertus qu'un gentilhomme
doit posséder. Livré à de mauvais conseils, répandu dans la plus mauvaise
compagnie, il donna dans les vices, dans
tous les travers, et devint, sous tous
les rapports, indigne de sa naissance.
Ordinairement moins on en est digne,
et plus on cherche à la faire valoir.
M. de Glorissac fait donc des recherches sur l'origine de sa famille, et
d'habiles généalogistes le firent descendre en ligne directe des rois d'Ar-
ragon. Il fut si ravi de cette illustre
origine, qu'il portait toujours avec
lui sa généalogie, bien convaincu que
cette pièce précieuse sur laquelle
roulaient toutes ses conversations,
devait effacer ses vices et ses défauts.
Elle avait été lue mille fois à l'innocente et vertueuse Adèle : et bien loin
de produire l'effet qu'on avait en vue,
M. de Glorissac n'en paraissait à
ses yeux que plus petit et plus ridicule.
Elle sentait bien le respect et la con-

sidération que mérite à tant de titres une naissance distinguée; mais elle savait aussi que plus on a d'illustres ayeux, plus l'obligation que l'on contracte de s'en rendre digne devient impérieuse, et que celui qui ne la remplit pas, perd naturellement tout droit à l'estime et à la considération publique. Adèle s'était hautement expliquée à ce sujet, et son père, ainsi que M. de Glorissac, ne concevaient pas comment il pouvait entrer des idées aussi vulgaires dans la tête d'une fille de qualité. Le caractère ferme et décidé d'Adèle fesait souvent craindre au Comte son père qu'il n'eût bien de la peine à lui faire prendre pour époux celui qu'il lui destinait; mais résolu de se servir du pouvoir le plus tyrannique, quelque conséquence qu'il pût en résulter, il espérait parvenir à ses fins. L'amour allait donner bien d'autres obstacles à ce père orgueilleux. Comme il était très-lié avec ma famille, malgré notre défaut d'origine souveraine, je voiais à chaque instant Adèle, et chaque instant ajoutait à mon amour. La timidité de mon âge, et l'idée des difficultés qui s'opposaient à notre union et que je n'entrevoyais que trop, m'empêchaient toujours de lui faire connaître ma vive flamme. Enfin une heureuse occasion me fait trouver tête à tête avec Adèle. Débarrassé de la présence de tout importun, j'ose la considérer attentivement. Mes soupirs amoureux prennent un libre cours, nos tendres regards se rencontrent, et je lis dans ses yeux qu'elle partage tous mes sentimens. La crainte du retour du comte m'empêcha de tomber à ses pieds; mais transporté d'ivresse, je ne réfléchis plus à tous les désagrémens que je pouvais donner à Adèle, ni aux malheurs que je me préparais. Je rentre chez moi, et je lui écris tout ce que je sentais pour elle. Ma lettre pure comme mon amour, énergique comme mes sentimens, fut reçue avec satisfaction. J'espérais , j'attendais avec la plus vive inquiétude une réponse ; je reçois le même soir ces touchantes lignes d'Adèle.

« J'aime à croire, monsieur, à la « sincérité, à la force et à la durée « des sentimens que vous me témoi- « gnez. Puissiez-vous les éprouver « aussi long-temps que vous regnerez « dans mon cœur. »

A DELE.

Quel moment, mon ami, que celui où je lus ce billet ! qu'il fut beau ! mais combien fut affreux le temps qui lui succéda ! Je réponds sur-le-champ à cette fille adorable, et par cette fatalité qui me poursuit, ma lettre tombe entre les mains de son père. Il devient furieux, accable sa fille des plus mauvais traitemens. J'apprends aussitôt cet événement malheureux, je cours pour me jeter aux pieds de ce barbare père, et pour lui dire que, puisqu'il n'approuvait pas le choix du cœur de sa fille, je sacrifiais mon amour à sa tranquillité ; que je fuyais à l'instant au-delà des mers, pour qu'il ne pût soupçonner mon intention, que bien certainement il ne me verrait plus, et que sa fille n'entendrait plus parler de moi. Ce monstre dénaturé ne veut pas me recevoir ; déja tout est préparé pour quitter le lieu qu'il habitait, et dans la même nuit, je perds Adèle avec l'espérance de la revoir. Juge de ma situation et de mes cuisantes perplexités. Je fais l'impossible pour découvrir le lieu de sa retraite, j'apprends enfin que son père l'a conduite dans une de ses terres, éloignée de 180 lieues de la capitale, et que là, dans un antique donjon, Adèle gémissait amèrement sous les plus indignes traitemens. J'appris aussi que le comte ne s'était déterminé à cette odieuse inhumanité, qu'après avoir reçu de sa vertueuse fille, le refus formel d'épouser le baron de Glorissac. Hors de moi, presque dans le délire, je prends des chevaux de poste, et je jure d'arracher Adèle , par adresse ou par force, des mains de son cruel père. Après avoir couru trois jours et trois nuits, sans prendre presque aucune nourriture, j'arrive non loin de l'épouvantable lieu qui la renfermait. Je m'approche pour le considérer de près, et pour voir s'il était possible de s'y introduire par quelqu'endroit. Hélas ! que vois-je ! un donjon bâti sur un rocher escarpé, auquel tenait un petit corps de logis ; de larges fossés pleins d'eau l'entouraient, un seul pont-levis toujours levé , était la seule entrée qui conduisait dans l'intérieur , et les formidables dragons qui défendaient les pommes d'or du jardin des Hespérides , étaient moins menacans que deux dogues monstrueux qui veillaient sans cesse dans une petite cour près du pont-levis. Confondu , désespéré des obstacles invincibles qui me séparent d'Adèle , je ne vois d'autre ressource, d'autre consolation que d'expirer au pied du fa-

tal donjon d'où je ne puis arracher mon
amante. Mon fidèle La Jeunesse, que
j'avais laissé à quelque distance, surpris de ce que je ne revenais point
comme je lui avais dit, me joignit
avec inquiétude. « Laisse-moi , » lui
dis-je , « c'en est fait, je ne verrai
« plus Adèle , regarde les obstacles
« invincibles qui rendent toutes mes
« tentatives inutiles et mes vœux
« impuissans : fuis ton malheureux
« maître à qui tu ne peux plus être
« d'aucun secours, et qui va terminer
« en ce lieu sa cruelle existence. »
— « Prenez courage , mon cher maî-
« tre , » me répondit-il , « tout n'est
« pas désespéré : en vous attendant,
« je me suis rappelé que ma famille
« est originaire de ce canton ; j'ai
« resté long temps dans ce village
« voisin ; j'y ai beaucoup connu un
« maréchal , même un peu mon pa-
« rent, c'est un gaillard fin et rusé ,
« je ne doute point qu'il ne trouve
« quelque moyen de vous introduire

« secrètement auprès de votre maî-
« tresse ; il faudra , bien entendu ,
« commencer par lui *graisser la patte*,
« monsieur sait bien que le zèle des
« gens de cette classe a besoin d'être
« soutenu par de petites gratifica-
« tions.... » Ces paroles me redon-
nent la vie. J'interromps vivement La
Jeunesse en lui disant : « cesse ton
« inutile verbiage , occupons-nous
« sur le champ d'exécuter le projet
« dont tu me flattes. » Comme nous
allions nous acheminer vers la maison
du maréchal , je jette les yeux sur
une ardoise qui se trouvait à mes
pieds , et sur laquelle il paraissait y
avoir quelque chose d'écrit , je la ra-
masse. Dieux ! je reconnais les carac-
tères d'Adèle , et je lis ces déchirantes
paroles que sa main y avait tracées
distinctement.

« Passant , qui que tu sois , si le
« hasard fait tomber dans tes mains
« cette ardoise , pour peu que tu aies
« l'âme sensible , tu feras parvenir

« ce dernier témoignage 'd'un mal-
« heureux amour à celui pour qui
« mon cœur l'a destiné. Qu'il apprenne
« encore une fois que la trop mal-
« heureuse Adèle l'aime toujours.
« Elle ne peut résister long-temps
« au barbare traitement qu'on lui
« fait éprouver ; mais jusqu'à son
« dernier soupir elle lui sera fidèle. »
Dans le profond désespoir que me
causent les infortunes d'Adèle, je me
précipite à genoux, je conjure le ciel
avec ferveur de conserver ses jours,
et je lui fais solennellement le vœu
de consacrer ma vie à la piété, à la
bienfesance, si mon amante m'était
rendue. La Jeunesse m'arrache presque
de force de ce lieu que je ne pouvais
quitter. Accablé par ma douleur, je
me traîne péniblement, à la faveur de
son bras, aux environs du village,
dans lequel était située la demeure du
maréchal. Il me quitte pour aller con-
certer l'importante exécution de notre
projet, et son air satisfait me fit juger

à son retour, de l'heureux succès de sa tentative. Le père du maréchal était jardinier du comte, il habitait dans l'enceinte du château, et par son secours il était aisé de nous y introduire. Mon valet de chambre était convenu avec la Fleur (c'était le nom du maréchal) que nous entrerions le soir même chez lui, comme garçons maréchaux. Il m'apporta les habits nécessaires à mon déguisement, et je me rendis ensuite chez la Fleur. J'arrive dans cette épouvantable caverne habitée par trois ou quatre cyclopes ; mais j'allais m'y occuper d'obtenir mon Adèle, et par cette magique influence d'un véritable amour, elle devient pour moi un palais enchanté. A la pointe du jour, la Fleur va communiquer à son père ce dont il était convenu avec La Jeunesse, et quelques heures après, il nous apporta l'heureuse nouvelle que dans quatre jours je serais nuitamment introduit au château. Que de projets je formai dans cet intervalle qui me parut si long !

Je voulais dignement obtenir Adèle, et non la déshonorer par un enlèvement ou un commerce coupable, également désapprouvé par ses vertus et ma consience. Je me détermine donc à choisir le moyen le plus dangereux pour ma vie, mais en même temps le plus propre à me faire mériter la reconnaissance et l'amour de ma future et vertueuse épouse.

Le jour convenu pour m'introduire dans le donjon, je prends une cuirasse que je m'étais procurée pour mettre seulement ma poitrine à l'abri de la balle. Je me rappelle du costume effrayant que toutes les vieilles concierges d'anciens châteaux donnent à leurs revenans, et avec un pareil déguisement, le plus épouvantable qu'on puisse s'imaginer, j'arrive sans contrariété dans un corridor du donjon où était située la chambre du comte. Je frappe doucement à sa porte, en poussant des cris plaintifs. Deux domestiques qui couchaient dans un

cabinet voisin viennent ouvrir. A
peine m'ont-ils aperçu à la lueur
d'une veilleuse qui éclairait le corridor , que de frayeur ils tombent à
la renverse. Le comte entend du
bruit, il saute sur ses pistolets, se
présente devant moi , et d'une main
assurée me tire son coup dans la poitrine à bout portant; les balles tombent à ses pieds. Frappé d'un événement qui lui paraît très-extraordi-
naire , il se trouble , appelle à son
secours ses valets de chambre qui sont
sourds à ses cris , et qui , plus morts
que vifs, attendaient avec effroi, sous
un lit où ils avaient été se réfugier ,
le dénouement de cette scène étrange.
Soudain je prends la parole , et con-
trefesant la voix du père du comte
que j'avais beaucoup connu , je lui
dis : « Ce serait envain que vous cher-
« cheriez à me nuire et à vous débar-
« rasser de moi ; je suis l'ombre cour-
« roucée de votre père , et je viens
« vous reprocher le sort injuste et

« barbare que vous faites éprouver à
« mon innocente et vertueuse petite-
« fille. C'est elle qui fut l'appui et la
« consolation de ma vieillesse, par sa
« douceur, sa bonté, sa complai-
« sance; c'est elle qui m'a fermé les
« yeux en me baignant de ses larmes.
« Vous m'aviez juré de faire son bon-
« heur. Tremblez, le châtiment de
« Dieu vengeur du crime et du par-
« jure vous attend, et avant six mois
« vous comparaîtrez devant son tribu-
« nal suprême, si vous ne rompez l'es-
« clavage si peu mérité de votre trop
« infortunée fille. C'est là que vous
« reconnaîtrez, mais trop tard, le
« néant et le ridicule du méprisable
« orgueil auquel vous sacrifiez l'in-
« nocente Adèle, et que vous serez
« convaincu par l'arrêt fatal qui vous
« condamnera, que le pauvre mou-
« rant sous le chaume, vertueux et
« irréprochable, est au-dessus des
« rois, des princes, ou des riches
« coupables. »

Le comte reste pétrifié ; je saisis ce moment pour le quitter , et je lui dis en partant : « Rappelez-vous , fils in-« grat , père dénaturé , que si vous « ne travaillez promptement à réparer « des torts si funestes à votre fille , « vous ne pourrez échapper au sort « que je vous ai prédit , et croyez , « de plus , que jusqu'à cette époque , « mon ombre vous tourmentera sans « cesse... » Je revins , sans obstacle , à la maison du jardinier , de laquelle je m'étais introduit dans le donjon. Je reprends mon costume de maréchal , et je vais attendre chez La Fleur , avec la craintive espérance d'un vif amour , le fruit de ma démarche. Le jardinier , de très-bonne-heure , devait m'instruire de l'effet qu'elle aurait produit. Il arriva, cet homme que je faillis étouffer par mes embrassemens ; il était justement chargé d'une lettre du comte , qui m'écrivait de me rendre au châ-teau , sans perdre un moment , pour épouser Adèle. Le jardinier avait ordre de mettre toute la diligence possible à me la faire parvenir, et s'il ne me trouvait pas dans ma famille, il devait s'informer de ma résidence, prendre des chevaux de poste, et partir sur-le-champ pour l'endroit que j'habitais. Un dénouement aussi heureux, et auquel je m'attendais si peu, m'ôta presque la raison. Je ne savais ce que je fesais, ni ce que je devais faire ; mais les conseils de mon fidèle La Jeunesse, me fixèrent à prendre la détermination que je jugeai la plus sage. Son avis était que je laissasse écouler le temps qu'il fallait à-peu-près au jardinier pour remplir la commission dont il était chargé, et qu'alors je me rendrais avec lui au château du comte..... Ah ! voici le cruel moment qui ne se retrace jamais à ma mémoire, sans m'arracher des larmes de sang.... Ce temps à peine expiré, je me rends chez le comte, il m'aperçoit, se jette dans mes bras, veut me parler, mais les sanglots

étouffent sa voix ; ses repentirs ; sa
vive douleur, excitent en moi le plus
tendre intérêt, je cherche à le consoler par le langage le plus affectueux.
Alors il s'éloigne de moi avec fureur.
« Abandonnez, » me dit-il, « à ses
« remords déchirans, un indigne père;
« mille fois plus coupable qu'il n'est
« malheureux. La sotte illusion qui
« m'avait aveuglé s'est évanouie, et,
« devenu mon propre juge, je ne sens
« que trop que je ne mérite de per-
« sonne le sentiment même de la
« pitié. Courez vers ma chère fille,
« qui est dangereusement malade, et
« dont je suis devenu le bourreau, au
« lieu d'être son tendre père. Rap-
« pelez, par vos soins, à la vie,
« celle que l'amour avait destinée
« pour vous, et que j'eus la barbarie
« de vouloir unir à un autre, et cela
« pour flatter une démence qu'on
« appelle orgueil, passion vile que
« rien ne peut justifier, et qui ne
peut se glisser que dans des âmes

« basses et abjectes.... » Désespéré,
je quitte le comte, je vole à l'appartement d'Adèle, je la trouve dans le
délire d'un violent accès de fièvre.
Aussitôt ses douleurs et tous ses maux
passent dans mon sein, je me jette au
pied de son lit, en poussant des gémissemens effroyables. Je prends une
de ses mains, entièrement désséchée
par la douleur; j'y colle ma bouche;
je prononce son nom; Adèle qui ne
reconnaissait personne, repousse son
fidèle amant. « Que me voulez-vous, »
me dit-elle ? « Je n'ai besoin de rien... »
Puis revenant au seul objet qui occupe ses pensées, elle me nomme,
m'appelle, et soupirant amèrement,
elle s'écrie avec impatience : « Grand
« Dieu ! qu'on dit juste, pourquoi ne
« me rends-tu mon amant ? » Les
personnes qui la servent, m'engagent
à contraindre ma trop juste douleur.
Elles me disent qu'Adèle touchait à
la fin de son accès de fièvre, et qu'a-
lors sa grande faiblesse ne pourrait,

sans danger pour ses jours , lui faire soutenir ma vue dans l'état où j'étais... La fièvre finit, mon ami, mais mon amante, si vertueuse, si fidèle, si chérie et si tendre, finit avec elle. Cet affreux moment aliéna entièrement mon esprit, et sans les soins que m'a donnés, pendant huit mois, le médecin de la reine, je serais, sans doute, resté toute ma vie dans l'état de démence où m'avait plongé la perte cruelle de l'incomparable Adèle.

Tu sais ce qui vient de m'arriver avec la vicomtesse. Jette les yeux, mon ami, sur cet amas d'infortunes aussi inattendues qu'incroyables, tu partageras mes noirs pressentimens, et tu plaindras sincèrement celui que la Providence semble avoir fait naître, pour être un exemple de tous les malheurs qui peuvent affliger l'humanité.

LETTRE XLVII.

MISS AUGUSTA A MISS SOPHIE.

Paris, 15 mai.

REÇOIS, heureuse Sophie, tous les témoignages de ma vive satisfaction, sur le dénouement flatteur que m'annonce ta lettre. Qu'il est doux pour ton amie de te voir arriver à ce moment où il reste si peu de choses à desirer ! Ce présage charmant ranime mes espérances et plus que jamais je compte voir se réaliser tes prédictions. Tout semble les favoriser. La comtesse de Loffenval a engagé ma mère à venir passer quelques mois dans sa terre de G*** elle n'est qu'à trois milles de celle que le marquis habite, et le départ est irrévocablement fixé à la semaine prochaine. Je reverrai donc mon doux ami, qu'un ordre rigoureux éloigna de son amante. Depuis qu'il n'est plus près de moi, mes jours se sont écoulés dans un vide insoutenable; la tristesse et l'ennui ont absorbé tous mes sentimens. L'idée seule de me rapprocher de lui a déja changé mon état de langueur, et je sens renaître les impressions délicieuses que j'éprouve toujours près de lui; mais le moment de notre première entrevue fait trembler mon âme timide. S'il allait mal juger son amie! S'il allait prendre mon trouble et la joie que je ne pourrai lui cacher, pour des mouvemens de faiblesse dont il croirait avoir droit d'abuser! .... Ah! ciel! que ton amie serait infotunée! L'instant où son amant s'exposerait à perdre son estime, deviendrait l'heure fatale qui romprait tous les liens qui m'attachent à lui. Rejetons cette importune idée; mon amant connaît toute la pureté du cœur de son Augusta, mes principes sont devenus les siens, et jamais il ne peut entrer dans le cœur du marquis une pensée criminelle.

Adieu, je suis trop occupée des

apprêts de mon voyage pour pouvoir m'entretenir long-temps avec toi. Je finis en te renouvelant toute la part que je prends à l'heureux événement qui t'arrive.

~~~~~~~~~~~~~~~~~~~~~~~~~~~~~~

LETTRE XLIII.

DU MARQUIS DE VALBONT AU CHEVALIER DE BARVILLE.

Du château de L***, 18 mai.

Est-il possible, mon cher chevalier, que tu t'occupes à calculer les chances de la fortune, quand tu touches au vrai bonheur? Si ton âme ne m'était pas connue, je la soupçonnerais de faiblesse. Oublie, mon ami, ces idées ridicules d'étoile et de fatalité. Ta vie fut sans doute mêlée de beaucoup de vicissitudes; quel est celui qui n'en a point éprouvées? Elles sont inséparables de la vie humaine. Sache donc jouir du présent, sans
~~~~~~~~~~~~~~~~~~~~~~~~~~~~~~

vouloir percer un avenir toujours si incertain. Ta position actuelle est brillante, chasse de noirs peessenti- mens que rien ne peut fonder, et qui ne sont faits que pour diminuer la douceur de tes justes espérances.

Je t'instruisais autrefois, mon cher chevalier, des coupables erreurs aux- quelles, je m'abandonnai long-temps dans cette capitale si dangereuse et si corrompue. Sans doute tu appren- dras avec plus d'intérêt les douces jouissances que me donne la retraite. Elle acheve de détruire les prestiges trompeurs qui avaient abusé ma cré- dule inexpérience, et dévoile chaque jour à mes yeux des vérités sublimes, qu'il est bien difficile de sentir dans le monde.

Hier, dans une de mes promenades solitaires, je m'étais très-éloigné de mon château : je traversais le bois qui tient à mon parc, et je me trouvai près du village de G***, dépendant de ma terre. Je m'assis un instant, dans une position qui me présentait un point de vue admirable. Je le considérais avec beaucoup d'attention, quand je fus agréablement distrait par les accens d'une charmante voix; bientôt après, les sons d'un hautbois se font entendre, et ce duo champêtre me causa plus de plaisir que je n'en éprouvai jadis au concert spirituel. Comme je me trouvais sur une élévation, je découvrais aisément les différens objets parsemés dans les vallons qui m'entouraient. Je dirigeai mes pas vers ce côté; à peine eus-je quitté le lieu où je m'étais reposé, que j'aperçus une jeune bergère, assise près d'un cabinet de chèvre-feuille qui couronnait une fontaine. Elle ne m'avait point vu, et je pris le soin de me cacher derrière un feuillage touffu. J'imaginais qu'elle attendait son berger; je me fesais une fête d'être le discret témoin d'une tendre scène pastorale prise dans la nature, et que vainement des courtisanes de théâtre

cherchent à imiter. Je me place donc
le plus près possible de la bergère ;
déja les deux troupeaux que j'avais
d'abord vus, se mêlent ensemble, et
un jeune berger bien fait, se rap-
proche de la fontaine près de laquelle
l'attendait son Annette. Je respirais à
peine, mon ami, je craignais d'être
découvert, et de troubler, par ma
présence, l'heureuse entrevue de ces
fortunés amans, qui venaient dans ce
lieu retiré, loin des méchans et des
importuns, goûter les inestimables
douceurs d'une amoureuse flamme.
Ils s'abordent enfin ; la satisfaction et
le plaisir brillaient dans tous les traits
de Justin (c'était le nom du berger).
A son approche, les lys du front
d'Annette se changent en roses; ses
beaux yeux noirs n'osaient se fixer sur
son amant, mais quelques mots con-
sacrés à la tendresse et prononcés avec
timidité, des soupirs entrecoupés, des
mouvemens irrésolus, tout peignait
qu'Annette partageait fortement les

sentimens de Justin. Leur secrète entrevue, qui me causait tant de charmes,
fut malheureusement bien courte. Annette dit à son amant que plus que
jamais elle devait prendre des précautions, son père devenant tous les
jours plus furieux du refus qu'elle
avait fait d'épouser Nicolas; et crai-
gnant sans doute d'être surpris, Justin
embrasse tendrement la pauvre Annette, que ses baisers de feu troublent
et embrasent, et ils se séparent. Ah!
que cette séparation fut douloureuse
pour eux! Justin s'éloignait lentement
et se retournait à chaque minute pour
regarder Annette qui, triste et les
yeux mouillés de larmes, gravait sur
le sable qui était à ses pieds, le nom
de son cher Justin. Ce n'est qu'au
village qu'on sait aimer, mon cher
chevalier; c'est là que l'amour porte
le caractère pur qui fait de ce sentiment une passion délicieuse et
sublime.

Cette intéressante scène me pénétra

d'un charme inexprimable, elle ne
rappela point Augusta à ma pensée,
mon amante y est toujours présente;
mais elle me donna l'image de son
innocence et de l'amour qu'elle a pour
moi. Je crus même trouver quelque
rapport entre nous et les deux amans
que le hasard avait offerts à ma vue.
Justin adore Annette, en est aimé, et
des obstacles s'opposent à leur union;
et moi aussi, j'idolâtre Augusta, elle
partage ma tendresse, et je ne suis
point sûr de la posséder. Que de puis-
santes raisons pour m'intéresser à leur
sort! Je me promets donc d'unir
Annette à Justin dans le plus court
délai. Je prends une route par laquelle
je devais rencontrer Annette qui bien
rêveuse regagnait son village, et en
effet je me trouvai près d'elle en très-
peu de temps. A peine m'a-t-elle
aperçu qu'elle jette un cri et fuit avec
rapidité. En l'appelant avec douceur,
je crois la retenir; mais elle précipite
sa marche, continue sa course jus-

qu'au bout du bois, et franchit avec
la légèreté du cerf un large fossé qui
le séparait des vergers du village.
Alors elle s'arrête un peu rassurée
pour me considérer. « Ne vous ef-
« frayez pas, » lui dis-je, « char-
« mante bergère ; vous voyez de-
« vant vous le marquis de Valbont,
« votre seigneur; il est instruit des
« obstacles qui s'opposent à votre féli-
« cité ; comptez sur sa protection, il
« veut vous faire obtenir celui que
« vous aimez tendrement. » Cette aimable enfant, émue d'une douce espérance, et plus confuse encore de
l'idée que je pouvais avoir été le témoin
d'une entrevue, pourtant bien innocente, me répond en baissant les yeux:
« je ne mérite pas tant de bonté de
« monseigneur. » Et revenant à ses
craintes, elle me dit en rougissant:
« dans quel endroit du bois était mon-
« seigneur quand il m'a aperçue?»
Pour faire cesser son embarras, je lui
nomme un lieu tout opposé à celui où

je l'avais trouvée. La timide rougeur
n'est plus sur son front, et se livrant
toute entière à l'espoir flatteur que je
lui donne, elle me raconte ingénu-
ment tout ce que ses parens lui fesaient souffrir en l'empêchant de voir
Justin et de s'unir à lui. Sa candeur et
sa naïveté m'intéressèrent de plus en
plus à son sort. « Conduisez-moi, »
lui dis-je, « chez votre père, dans
« huit jours je veux que vous soyez la
« femme de l'heureux Justin. » Et
nous allons ensemble au village.

Pendant mon entretien avec Annette, quelqu'un de mes vassaux
m'avait entendu et reconnu. Il se répand dans le village que monseigneur
vient l'honorer de sa présence. Déja
le bruit des cloches se fait entendre.
Le bailli, troublé prend sa longue et
large perruque, assemble les officiers
de justice, et tout en travaillant péniblement à sa fastidieuse harangue,
il se prépare à recevoir son seigneur
avec les honneurs qui lui sont dus.

Suivi d'une foule d'habitans, il s'a-
chemine vers moi revêtu de la dignité qu'il croit nécessaire à la cérémonie. Autrefois ton ami eût délicieusement joui du pompeux appareil qui
peignait sa puissance; aujourd'hui plus
juste appréciateur des choses humaines, les grandeurs n'ont plus d'attrait
pour moi, et si je mets encore quelque prix au rang élevé que le hasard
me donne, c'est qu'il me procure la
facilité de faire des heureux et de
partager avec mon amante la considération qu'on y attache. Oui, mon
ami, tout ce qui ne tient pas au sentiment, à l'utilité, à la vertu, seuls
vrais plaisirs et seuls dignes jouissances de la vie, me fatigue et m'importune. Le bailli me joint enfin, et
respectueusement courbé, il me bal-
butie ces paroles : « Monseigneur ,
« quoi.... quoi.... quoi.... que pris
« au dépourvu , je me hâte de por-
« ter aux.... aux.... pieds de votre
« grandeur l'hommage de.... de....

« de.... » Pour le coup, il lui fut
impossible de continuer sa harangue
qui sûrement n'aurait point été courte,
s'il eût pu vaincre son embarras. Je
profitai avec empressement de cette
heureuse circonstance pour la terminer. « Je sais M. le bailli, » lui dis-je,
« qu'il faut pour toutes choses de
« mûres préparations à un homme de
« loi. Je suis satisfait de votre con-
« duite et de votre bonne volonté ;
« mais n'oubliez jamais que l'homma-
« ge auquel vous me trouverez le
« plus sensible sera de vous voir rem-
« plir avec intégrité les devoirs de
« votre place. Travaillez sans relâche
« à mettre la paix et l'union entre mes
« vassaux ; soyez plus souvent leur
« conciliateur que leur juge ; protégez
« le foible, secourez l'indigent ; en
« un mot, je ne prétends pas qu'il y
« ait un seul malheureux dans mes
« terres. Je ne viens point ici pour
« jouir des honneurs qui me sont
« dus, je veux y être inconnu. Vous

(55)

« pouvez vous retirer et faire cesser
« le bruit des cloches. »

J'avais cent louis sur moi que je lui
donnai pour qu'il les distribuât aux
plus nécessiteux du village. Mille
cris de bénédiction se font entendre.
Le vénérable vieillard baise mon habit
et dit qu'il mourra content; le jeune
homme embrasse mes genoux et jure
de ne vivre que pour me servir; les
femmes versent des larmes de joie en
criant: « Dieu bénisse à jamais nôtre
« bon seigneur, et qu'il conserve ses
« jours même aux dépens des nôtres !

Ah ! que l'amour et la reconnaissance qu'inspirent les bienfaits , sont
satisfesans pour une belle âme ! Juge
des impressions délicieuses de mon
cœur; Augusta n'occupait plus ma
pensée , et cependant j'étais heureux.
Pendant cette longue scène, Annette
se tenait près de moi, et me regardait souvent, pour me rappeler ma
promesse. Il s'en faut bien que j'eusse
perdu de vue ses intérêts. Je quittai

donc à regret , mais aussitôt qu'il me fut possible , mes bons villageois dirigeant mes pas vers la maison d'Annette qui m'en indiquait la route.

Thomas son père était un des riches fermiers du lieu , véritablement attaché à son seigneur , qu'une incommodité empêcha d'assister à la réception qui m'avait été faite. Le pauvre homme pensa mourir de plaisir à ma vue ; il se refroidit un peu quand il connut le sujet de ma mission. Thomas, opulent dans son état , avait cette cupidité et cette avarice si souvent attachées aux richesses et à l'amour d'en acquérir. Il avait la plus grande répugnance de marier sa fille à Justin qui n'avait pour lui que les dons de la nature. Il me dit que j'étais trop bon de m'intéresser pour une petite folle, qui préférait l'étourdi Justin ne possédant pas une obole , au gros Nicolas qui n'était pas aussi bien fait que Justin, mais qui avait trois charrues, et que j'étais trop juste pour exiger de lui un si grand sacrifice. Trop heureux de pouvoir lever la seule difficulté qu'il m'objecta , je lui dis que le parfait bonheur de deux êtres sensibles m'intéraissait assez pour que je dotasse Justin ; que dès ce moment je lui donnais autant de terres qu'en possédait Nicolas. Thomas, extrêmement surpris d'une générosité qui lui paraissait incroyable , n'eut plus de réplique à me faire, et le mariage d'Annette fut irrévocablement arrêté. Il m'accabla de témoignages d'amour et de reconnaissance , qui me touchèrent bien moins que la simple gratitude et le contentement de l'innocente Annette. J'envoyai chercher mes chevaux, et je quittai ces bonnes gens , délicieusement satisfait d'avoir fait des heureux.

Arrivé chez moi , je m'abandonne à de mûres réflexions. Tout ce que j'ai vu, tout ce que j'ai remarqué depuis mon séjour ici, me prouve invinciblement qu'il est pour la classe inférieure de la société une grande masse de jouissances et de bonheur. Peut-on voir sans envie, mon ami, le laboureur rentrant le soir dans sa paisible chaumière ; il y trouve une famille qui l'attend avec impatience, et qui lui témoigne, le plus sincérement, la joie qu'elle a de le revoir. Les innocentes caresses de ses petits enfans, et le contentement d'une épouse chérie remplissent son âme des plus doux sentimens. Il fait gaîment un souper frugal que le meilleur appétit assaisonne, et il est sûr que le plus tranquille sommeil va le délasser des fatigues du jour. Jamais il ne connut l'insupportable ennui qui assiége l'oisive opulence, encore moins les tourmens de l'ambition ; les traits empoisonnés de la calomnie n'arrivent pas jusqu'à lui, et son air de santé, ses bras robustes et nerveux prouvent que les peines morales et les infirmités humaines n'ont point troublé son heureuse existence, et qu'il parcourra sa carrière sans les craindre et sans les éprouver. Ah ! je me suis bien convaincu que la folie la plus funeste qui puisse entrer dans la tête des individus des classes inférieures de la société, est de desirer l'état de celle qui est au-dessus de la leur, et de quitter celui où le hasard les a fait naître.

Voilà, mon cher chevalier, le narré fidèle des événemens qui me sont arrivés hier. Que le sort de ton ami est différent, qu'il ressemble peu à ce qu'il était à l'époque où il te racontait ses crimes ! Je n'admirerai plus tant l'homme qui fait le bien ; il y trouve une récompense mille fois préférable aux jouissances qu'offre le tumulte du monde. Mon existence ennoblie, mes goûts épurés, me rendent enfin digne de celle à qui je dois cet heureux changement. Puissé-je, en l'imitant toujours, lui faire oublier des erreurs qui me seront à jamais odieuses !

LETTRE XLIX.

MISS AUGUSTA AU MARQUIS DE VALBONT.

Paris, 20 mai.

JE vais donc me rapprocher de toi, mon doux ami; ah! que je serai heureuse de partager ton exil. Détestant tout ce qui n'a pas quelque rapport à toi, je mourrais de langueur au milieu des tumultueuses distractions qu'offrent nos sociétés de Paris. Je ne puis plus te cacher aucun de mes sentimens. A toi seul était réservé de régner souverainement dans mon cœur, toi seul en étais digne, puisqu'il est impossible que tu abuses jamais de l'entière confiance que je te témoigne. Qu'il me serait affreux que l'empire absolu que je t'ai laissé prendre sur moi te donnât jamais mauvaise idée de ton amante, et te fît former l'odieux projet de la rendre méprisable à ses propres yeux...., Pardon , mon digne ami , ce mot m'est échappé , et je suis bien loin d'avoir cette cruelle pensée. Ayant appris à te connaître , je vois dans mon amant le plus inébranlable appui de toutes les vertus d'Augusta. Mon cœur est devenu trop faible pour en être le soutien , c'est à toi à prévenir les fautesou les égaremens qu'un excessif amour pourrait lui faire commettre. Sauve ton amante de ces dangers , si son existence t'est chère ; elle survivrait bien peu à de grands reproches qu'elle aurait à se faire.

Adieu , mon tendre ami , les apprêts de notre voyage m'inspirent la plus douce émotion. Chaque minute qui raccourcit l'intervalle du temps où je dois te revoir , est une satisfaction pour ta fidèle amante. Dans huit jours au plus tard je te reverrai , je me trouverai près de toi , mes occupations seront les tiennes , mes jouissances tes plaisirs. Grand Dieu ! quelle

sera ma félicité ! Puisse ce rapproche-
ment m'unir à toi pour toujours !
Puisse ton amie ne pas voir son bonheur s'évanouir , et ses espérances
plus douces encore, comme un songe
séduisant et trompeur !

LETTRE L.

MISS AUGUSTA A MISS SOPHIE.

*Du château de G*** 31 mai.*

JE l'ai revu, ma chère Sophie, celui
que mon cœur adore, toujours fidèle
et plus digne que jamais de toute ma
tendresse. Il n'est au monde que mon
amant qui eût mis cette délicatesse ,
ce ménagement dans sa première entrevue avec moi: Tout autre sans doute
aurait voulu jouir de son triomphe,
de mon trouble à son approche, de
mon embarras; mais lui, aussi mo-
deste, aussi délicat que tendre, lui
qui méprise souverainement la cou-

pable présomption qui engage presque tous les hommes à faire apercevoir le public des vifs sentimens qu'ils nous inspirent, il a choisi l'instant où nous étions seuls pour se présenter à moi, même celui où, rentrée au déclin du jour, ma rougeur ne pût être remarqué de personne. Oui, chère Sophie, mon amant est encore plus adorable par ses vertus que par les agrémens qu'il reçut de la nature. Idole de ses vassaux, chéri de ses amis, généralement estimé, il n'est qu'une voix sur son compte. Depuis son exil, il n'a pas fait un pas qui n'ait été marqué d'une action bienfaisante. Tout cela tourne la tête à ton amie déjà si prévenue pour un homme parfait qui, peut-être, hélas! ne sera jamais son époux. Serais-je réservée à un pareil désespoir? Mon père qui a seul la puissance de s'opposer à notre union, aurait-il le barbare courage de rompre les nœuds qui m'attachent au marquis, et auxquels tient le fil de mes jours? Non, sans doute; je m'égare, Sophie; la force de mes vœux me fait outrager le plus tendre des pères. Laissons donc ces idées importunes et noires pour t'entretenir des beautés du pays que j'habite.

Il me sera bien difficile, ma chère amie, de te donner une description exacte du séjour charmant où nous sommes. Le château de la comtesse est dans un des beaux cantons et des plus fertiles de la France; une superbe rivière baigne les murs de la terrasse, parcourt les bords du jardin, et à leur extrémité va se perdre dans le fleuve. La maison est bâtie sur une haute plaine qui forme la naissance de deux montagnes très-élevées, toutes deux célèbres par les vins et les fruits exquis qu'elles produisent. D'un pavillon chinois placé au-dessus des jardins, vous découvrez un point de vue qui passe pour un des plus beaux de l'Europe, et vous entrez de là dans un parc magnifique qui fait

partie d'une de ces montagnes. Rien
n'est plus délicieux ; des grottes formées par les mains de la nature , des
cascades multipliées , tombent avec
fracas de rochers en rochers , vont
de leurs eaux limpides fertiliser des
prairies toujours émaillées de fleurs ;
des haies de roses , de jasmins et de
lilas se trouvent placées sans art, et
vous offrent de distance en distance,
des cabinets touffus et odoriférans ;
enfin, des arbres aussi anciens que le
monde , portant leurs cimes orgueil-
leuses jusqu'aux nues , forment ensemble une voûte majestueuse de ver-
dure qui préserve en tout temps ce
lieu enchanteur des ardeurs du soleil.

Il faudrait t'écrire un volume, si je
voulais te donner le détail de toutes
les beautés du pays. Ce que l'on con-
sidère ici simplement comme des objets
cultivés , est bien supérieur à ce que
nous appelons en Angleterre des dehors d'agrément. Attenant au parc
dont j'ai tâché de te faire le tableau,

est un vignoble immense qui vous fait presqu'oublier le lieu qui avait attiré toute votre admiration ; des allées multipliées d'arbres fruitiers de toute espèce, vous présentent les plus superbes fruits, et d'une si bonne qualité dans ce pays, que les Anglais, en mangeant ici des pêches et des raisins, ne peuvent croire que ce soit le même fruit qu'on nous vend sous ce nom dans nos contrées, et que nous payons si cher. Ajoute, chère Sophie, à la description que je viens de te donner, un ciel le plus souvent sans nuages, un air toujours pur, et tu te représenteras bien insuffisamment la beauté les agrémens du château de mon amie, et ceux de la belle province que nous habitons. Nous éprouvons déja, maman et moi, les effets de la plus salutaire influence. Maman, depuis son arrivée, n'a ressenti aucune de ses infirmités habituelles ; son âme n'es plus affectée de cette mélancolie qui tenait, je pense, aux noirs et épais brouillards qu'elle respirait à Londres, et ma santé cruellement altérée par les violens mouvemens dont mon âme a été successivement agitée, se rétablit à vue d'œil.

Sous un climat aussi privilégié de la nature, il est impossible que tous les habitans ne soient pas doués de la plus charmante gaîté. Vous apercevez sur toutes les figures, l'expression du plus réel contentement. Le peuple, sur-tout, aimant son pays, idolâtrant son roi, chérissant son gouvernement, danse, chante et rit toutes les fois que ses occupations lui laissent un moment de loisir, et il se croit, avec raison, le plus heureux de la terre. La classe opulente remplit, le plus ingénieusement possible, les vid s sans nombre de l'homme fortuné. La campagne qui est souvent pour nous une triste solitude, procure aux Français des jouissances plus douces, peut-être, que celles qu'ils ont dans leurs villes. Aussitôt après s notre arrivée ici

la comtesse a reçu à demeure une société charmante, et l'emploi de notre
temps a été disposé de la manière
suivante :

La matinée est destinée alternati-
vement à la promenade, à la chasse et
à la pêche. Tu vas croire peut-être
que les femmes ne sont pas de toutes
ces parties, et que ces dernières, par-
ticulièrement trop fatigantes pour
elles, ne peuvent leur convenir. Apprends, chère Sopie, la manière dont
on les exécute, et tu reviendras de
ton erreur.

Le jour où l'on doit chasser, le piqueur est averti. Chacun se trouve au
rendez-vous de la chasse situé au milieu du parc; c'est un charmant pavillon où vous passez ordinairement
une heure à déjeuner en attendant
qu'on ait levé l'animal qu'on doit cou-
rir. Dès qu'il paroît, chacun monte à
cheval, et s'il demeure plus de deux
heures à être forcé, les femmes et la
plupart des hommes reviennent au

château, et la chasse est abandonnée au piqueur et aux jeunes gens qui ont cette passion. Le jour de la pêche est moins pénible encore. On se rend dans un bateau couvert, à la levée des filets qu'on a tendus la veille, et l'on voit jetter quelques coups d'épervier dans les lieux de la rivière où l'on avait mis de l'appât, ce qui tient ordinairement deux heures. L'intervalle de midi à trois se passe à la toilette. Après dîner on commence une partie de jeu qui dure environ une heure, après laquelle on se dissout; chacun va dans son appartement ou ailleurs; il ne reste personne dans la salle de compagnie. A huit heures on se rassemble de nouveau, et jusqu'à l'heure du souper on s'amuse à jouer quelques proverbes ou quelques autres jeux agréables, dont la gaîté fait toujours l'essence.

Ce n'est pas le seul plaisir, ma chère amie, que nous allons goûter ici. Une salle de spectacle naturellement formée dans le parc par le flexible tilleul et le charme docile , vient d'être perfectionnée et embllie des décorations nécessaires : déja chacun a son rôle , et nous devons jouer au premier jour le *Déserteur*.

C'est le marquis qui les a distribués, il m'a donné celui de Louise, et a pris celui du déserteur. Vainement j'ai voulu m'en défendre , j'ai eu beau faire valoir mon insuffisance, il a fallu céder aux sollicitations pressantes que toute la société m'a faites à ce sujet, et je me trouve engagée , malgré mon défaut de talent, à jouer le premier rôle dans une pièce difficile, moi qui à peine ai l'idée du théâtre. On va se moquer de moi , m e tourner en ridicule ; mais je réponds bien que je trouverai quelque prétexte pour éluder mon engagement. Une fois par semaine nous avons concert , tout le monde applaudit beaucoup aux ariettes que j'y chante , et c'est même ce qui a donné lieu aux persécutions qu'on m'a faites afin que j'acceptasse le rôle de Louise. Hier, j'avais chagriné le marquis, en lui parlant des obstacles qui pourraient s'opposer à notre bonheur. Il fut triste et rêveur toute la soirée, c'était celle du concert ; on me demanda quelle ariette je voulais chanter. Pour le consoler un peu, je choisis celle que chante Louise à son amant, et où se trouve cette phrase : *dans quel trouble te plonge, etc.* Les accens de mon cœur y étaient exprimés, j'y mis beaucoup d'âme sans m'en apercevoir, et il fut d'abord résolu qu'on jouerait le Déserteur, et que je serais Louise.

Adieu, ma chère Sophie. Si tu compares la vie qu'on mène en Angleterre, avec celle des Français, je doute fort que tes réflexions soient à l'avantage de ta patrie, toi qui étais si prévenue des plaisirs qu'on goûte en France, même avant d'en être bien instruite.

Adieu encore, je t'embrasse.

LETTRE LI

SOPHIE A MISS AUGUSTA.

Londres, 10 juin.

M. D*** est revenu, ma chère amie, et s'il n'a pu m'inspirer des sentimens d'amour, il vient, par sa conduite avec nous, de mériter mon amitié et toute mon estime. J'ai toujours été prévenue contre la monotonie de nos goûts et la tristesse qui en résulte; en rendant néanmoins justice au caractère et aux vertus de notre nation, je suis convaincue que sous ce rapport elle égale toutes les autres, si elle ne les efface pas. Un Français éperdument amoureux (car je ne suppose plus un vil motif d'intérêt à M. D***), aurait fait des folies en perdant ainsi sa maîtresse? Mais il est d'une incontestable vérité que les Anglais, en général assez courageux pour tout entreprendre, restent pourtant maîtres de leurs passions, et cédant aux sentimens de justice, de raison et de générosité, rejettent un bonheur qui ne serait point partagé, ou qui causerait l'infortune d'un autre. M. D***, loin d'avoir rompu avec ma famille, loin de jalouser la félicité qu'éprouve mon futur époux, est devenu son sincère ami, et a continué ses marques ordinaires d'affection envers mes parens. Il ne me reste donc plus de fâcheuses craintes, et mon bonheur ne peut plus être troublé que par mon impatience à desirer le moment qui doit y mettre le comble.

Il ne manque à ma satisfaction, ma chère Augusta, que de te voir moins incertaine sur ton sort. Ne t'arrête plus aux idées chagrinantes qu'inspire toujours une passion violente. Les seuls obstacles qui peuvent s'opposer à tes vœux, se détruisent naturellement par la tendresse que tu mérites si bien de tes parens. Les préjugés ne sont rien contre les sentimens de la nature, et quelque défavorables que soient les fausses opinions que ton père a des Français, le desir du bonheur de sa digne et chère fille saura lui faire respecter le choix de son cœur. Cesse donc de me parler de tes tristes pressentimens, je ne veux plus m'occuper que de ma félicité et de celle qui t'attend.

Je te fais mon compliment du vol brillant qu'on te fait prendre, en t'élevant contre ton gré. Tu ne peux craindre le sort d'Icare, sa présomption le perdit, ta modestie te sauvera. Malgré la bonne opinion que j'ai de tes talens, je suis surprise que les Français choisissent une Anglaise, pour lui faire jouer les premiers rôles dans leurs comédies de société. (Le sexe anglais doit s'enorgueillir de cette préférence). Sache soutenir notre gloire et prouver à la nation française, que si la nature nous a assez généralement douées des dons frivoles de la beauté, on peut également trouver dans une Anglaise, cette exquise sensibilité, cette expression touchante et sublime qui peignent si énergiquement toutes les belles qualités de l'âme, et que beaucoup d'étrangers osent nous refuser (1). Apprends-moi,

(1) Ah ! oui sans doute, on trouve dans l'âme sublime des Anglaises cette énergie de sentimens qui distingue si bien leur caractère. Celui qui n'a pas su les intéresser, ou qui les juge sur la grande réserve et la touchante modestie qui ne les abandonnent jamais, apelle indifférence et froideur des vertus si précieuses au sentiment, et qui assurent des jouissances intarrissables à l'heureux favori de leur cœur. Qu'on me cite un pays dans lequel il se fasse moins de mariages d'intérêt, et où l'inclination reçoive de plus grands sacrifices. Qu'on me désigne une nation où les femmes éprouvent avec plus de vivacité et de constance l'attachement qu'on leur inspire. Il n'est pas rare de voir en Angleterre des amans dont la tendresse a dix ans d'existence ; dix mois d'amour sont bien longs par-tout ailleurs. Les Anglaises sont donc incontestablement encore plus sensibles que belles.

je t'en prie, tes succès ou tes revers, mais avec la plus grande franchise. Le chevalier à qui j'ai fait connaître les sentimens qui nous lient, sans lui dévoiler, comme tu crois bien, aucun de tes secrets, me charge de te faire agréer son respectueux hommage. Je ne puis concevoir qui peut l'avoir si bien instruit de ton mérite personnel et de tous les agrémens que tu possèdes; il ne finit point quand il fait ton éloge, et je t'avoue franchement, que si les mers ne te séparaient de lui, je ne saurais l'entendre à ce sujet sans un peu d'humeur. Je me garderai bien de te faire voir au chevalier avant notre union; vraiment, je ne répondrais pas de sa fidélité.

Adieu. Ne crois pas cependant que ma jalousie nuise aux plus vrais sentimens que je t'ai voués pour la vie.

P. S. Je t'apprendrai, ma chère Augusta, que j'ai inventé la forme d'un chapeau ravissant, les marchandes de mode ne peuvent en faire

assez ; par le prochain paquebot, je
t'en enverrai un qui sera fait sous mès
yeux, je veux que tu le mettes, pour
la première fois, le jour où tu joueras
le rôle de Louise, et si le reste de ton
ajustement répond à son bon goût et
à son élégance, tu seras, certainement, beaucoup trop jolie ce jour là,
surtout si mon chevalier pouvait te
voir. Mais il m'importe fort peu de
donner cent rivaux à ce marquis, qui
a trop bonne opinion de lui pour les
craindre, et qui d'ailleurs connaît
assez ton cœur, pour voir cet événement avec indifférence. Au reste,
le plus beau triomphe de l'amour est
le sacrifice, par l'objet aimé, des
hommages qu'il reçoit, et ton amant,
loin de m'en vouloir, me remerciera
de lui avoir procuré cette rare et
flatteuse jouissance.

~~~~~~~~~~~~~~~~~~~~~~~~~~~~~~~~

LETTRE LII.

LE MARQUIS DE VALBONT AU CHEVALIER DE BARVILLE.

Du château de L*** 6 juin.

Tu as partagé si sincèrement mes infortunes, mon cher chevalier, que je serais le plus ingrat des hommes si je jouissais seul de ma félicité. Une distance immense ne me sépare plus de mon Augusta ; tous les jours je suis avec elle, je m'enivre du charme de la voir, je lui parle sans cesse de ma flamme ; chaque minute qui s'écoule est pour ton heureux ami, une douceur ou un vif plaisir. Cette amante Angélique doit passer deux mois chez ma sœur avec sa vertueuse mère. Nous fesons tout ce qui dépend de nous pour lui rendre ce séjour agréable. Eh ! qu'aurons-nous à faire pour cela ? L'endroit où se trouve Augusta ne devient-il pas
~~~~~~~~~~~~~~~~~~~~~~~~~~~~~~~~

le paradis terrestre? Elle a consenti à jouer avec nous de petits opéras ; déja nous avons fait plusieurs répétitions du Déserteur.... Ah! qu'elles me font éprouver de délices! mon amante chérie, autorisée par l'idée de perfection qu'elle doit mettre à son jeu, se livre sans réserve à tous les sentimens de son cœur ; bientôt elle oublie ceux qui l'écoutent, et son rôle prend le caractère de vérité que la Dugazon même ne saurait imiter. Il est inconcevable, mon ami, qu'une simple mortelle puisse réunir à la fois tant de beauté, de vertus et de qualités sublimes ?

Adieu, mon cher chevalier, tu touches de plus près que moi au bonheur ; mais ta situation n'est pas plus douce que la mienne.

LETTRE LIII.

MISS AUGUSTA A MISS SOPHIE.

*Du château de G*** 20 juin.*

JE t'écris encore parée de la couronne méritée par mes succès; ils ont été complets, ma bonne Sophie, et d'autant plus doux pour moi, que mon cher amant les a partagés. C'était hier le grand jour où je parus en public sur le théâtre. Le trouble dont j'étais agitée fut d'abord extrême, plus de trois cents personnes avaient les yeux fixés sur moi. Quel devait être l'embarras de ta timide amie? Les plus vifs applaudissemens me rassurènt un peu. Enfin je commence l'ariette que j'avais à chanter; jamais je ne l'aurais achevée, si le marquis, qui s'était placé dans une coulisse près de moi pour veiller à mes mouvemens, n'avait encouragé la timidité que je ne pouvais vaincre.

Il me dit : « Rassurez-vous, ma chère
« amie, vous m'avez promis de ne
« pas vous troubler. » Je jette les yeux
sur lui, j'apperçois la vive peine que
je lui fesais ; j'oublie bientôt le public
qui m'environne, la promesse que j'ai
faite à mon amant reprend tout l'empire que doivent lui donner mes sentimens pour lui, et je continue mon
ariette avec l'assurance de l'actrice la
plus consommée. Comme l'amour fait
faire des miracles ! cette première victoire remportée, je jouai toute la pièce
avec confiance et sécurité. Le marquis
et moi nous avons si bien rempli nos
rôles, que tous nos spectateurs ont
unanimement décidé qu'ils ne furent
jamais mieux joués à Paris. Ne crois
pas que cette décision ait été portée
par quelques campagnards ou d'igno-
rans provinciaux, nous avions les
gens de la cour les plus connaisseurs,
nommément les ducs de ***, si célèbres par l'influence qu'avait leur opinion sur le théâtre de la Capitale ; le

merveilleux, l'élégant comte de ***, le duc son père, à la vérité moins connaisseur que son fils ; le commandant de la province avec sa brillante suite; il est proche parent du marquis, et vient tous les ans passer quelques jours avec lui. A la fin de la pièce une superbe couronne fut apportée sur le théâtre et posée sur ma tête. Ah ! que cette cérémonie fut agréable pour moi ! je crus un instant être pour toujours unie à celui que mon cœur adore, ou du moins que la couronne de fleurs que je recevais, serait suivie de bien près de celle que donne l'hymen. Mon cœur s'énivra des plus douces espérances, et depuis cet instant je n'écoute plus que ce qui les flatte.

Adieu, chère Sophie. Il ne reste plus rien à désirer ni à craindre; hélas! pourquoi ton amie n'est-elle pas comme toi?

LETTRE LIV.

LA MÊME A LA MÊME.

*Du château de G*** 25 juin.*

PLAINS moi, chère Sophie, n'accable pas ta malheureuse amie de tout le mépris qu'elle a mérité ; les remords qui déchirent son cœur la rendent assez infortunée. Une autre que moi garderait peut-être le silence sur sa conduite coupable ; mais quel prix peut avoir l'estime des autres aux yeux de celle qui chérira toujours la vertu, quoiqu'elle ne puisse plus s'estimer ? Je punirai du moins mon crime par l'humiliation de le révéler, et je n'ajouterai pas à mes torts celui de surprendre aucun de tes sentimens.

Hier, jour tout à la fois délicieux et cruel, odieux et chéri, je rencontrai le marquis comme je me retirais chez moi ; il avait été faire un tour à sa terre. Ne l'ayant pas vu de toute la journée, pouvais-je m'empêcher de m'arrêter un instant avec lui ? La soirée était superbe, il m'invite à faire un tour dans le parc ; je lui dis que je le voulais bien, mais que j'allais proposer à sa sœur d'être de la partie ; il me répond avec humeur : « Vous « n'avez donc pas assez de confiance « en moi pour y venir seule ? Que « vous êtes injuste ! Que vous êtes ingrate ! » On ne résiste pas au mécontentement qui vous est témoigné par l'être qu'on adore. « Non, » lui dis-je, « M. je ne suis ni injuste, ni « ingrate, et vous n'éprouverez ja- « mais un refus de votre Augusta, « dans les choses qu'elle peut vous « accorder sans crime ; allons nous « promener seuls, puisque vous le « voulez. » Nous traversons les jardins, et mon amant me fait les plus tendres reproches de la méfiance que j'avais fait paraître. Jamais, Sophie, il ne me parut plus aimable, sa voix portait au fond de mon cœur des sensations inconnues et un trouble que jusqu'alors je n'avais point éprouvé près de lui. Nous arrivons à la porte du parc ; j'hésite d'entrer dans ce séjour dont la vue augmentait encore les vives agitations de mon âme ; mais le marquis est déja dans une des allées, et par le regard le plus pur, le plus tendre, il entraîne sa trop coupable amante. L'émotion secrète que je m'efforçais de cacher et que je ne pouvais contraindre, m'avait tellement fatiguée qu'il m'était impossible de me soutenir. Je me trouve près d'une grotte charmante. Augusta sollicitée par sa faiblesse, va très-imprudemment s'y reposer, et ce lieu fatal devient l'écueil contre lequel devait se briser sa vertu. Les circonstances les plus dangereuses sont venues toutes ensemble l'attaquer ; chaque oiseau d'alentour semblait s'être donné rendez-vous sur nos têtes ; leur ramage

était l'expression de l'amour , leurs
mouvemens ceux de la tendresse ,
deux tourterelles sur-tout , leurs becs
entrelacés, peignaient l'image du plaisir et de la volupté. « Voyez-vous, ma
« chère amante , » me dit le marquis,
« comme tout aime dans la nature ,
« cet amour qui vous avait tant effrayée
« est un doux sentiment que tous
« les êtres qui respirent doivent tôt
« ou tard éprouver. » Il tenait une
de mes mains que je lui laisse pour la
première fois couvrir de baisers ; un
délice inconcevable embrâse tous mes
sens ; le délire le plus enchanteur
s'empare des facultés de mon âme ; un
épais nuage couvre déja ma vue.
J'appuie ma tête sur l'épaule du marquis, nos bouches se rencontrent, mon
cœur battait encore dans l'ivresse de
mille et mille sensations qui lui étaient
jusqu'alors étrangères ; mais Augusta ne respirait plus , elle avait perdu la raison avec la connaissance ...
Mes yeux se r'ouvrent enfin à la lu-

mière , la raison m'est rendue , et
je vois à mes pieds l'amant devenu
le dieu de ton amie, puisqu'il n'abusa
point de sa criminelle faiblesse. Ah !
je lui dois plus que la vie , il dépendait de lui de me rendre la plus coupable des femmes. La pureté et la délicatesse de sa belle âme a su respecter ma fausse innocence. Mon amant
m'a sauvée du dernier terme de la
dégradation, et si je ne le dois qu'à ses
vertus, je n'en suis pas moins méprisable. Une folle présomption m'avait
fait assez compter sur moi-même,
pour me hasarder d'aller seule avec
lui. J'aurais dû me rappeler ce que m'a
si souvent répété mon irréprochable
mère. « Méfie toi toujours , » me di-
sait-elle, « de tes propres forces , ma
« chère fille , porte tous tes soins à
« éviter l'occasion de faire le mal ;
« crois-en ma longue expérience ,
« chère Augusta ; la femme la plus
« sage , la plus vertueuse est celle qui
« fuit sans cesse l'occasion de suc

« comber. » Oui , je subirai pleine-
ment la peine de mon crime. Rien ne
justifie à mes yeux cet oubli du plus
sacré des devoirs. Je vois déja mon
amant avoir de son indigne amie l'idée
humiliante qu'inspirent ces femmes
sans principes , qui n'ont qu'une
vertu factice que la première occasion
dangereuse fait évanouir pour toujours. Ah ! je mourrai plutôt que de
les imiter dans la progression du vice ;
le temps ne fera qu'accroître mon repentir , mes remords ; et mon amant
verra du moins que si j'ai perdu de
vue un instant la vertu , c'était pourtant le sentiment le plus cher à mon
cœur.

Adieu, ma chere Sophie; pourra-tu
aimer encore la trop coupable Augusta ?

CHAPITRE LV.

LE MARQUIS DE VALBONT AU CHEVALIER DE BARVILLE.

*Du château de G*** 25 juin.*

JE ne doute plus, mon cher chevalier, que la plus pure délicatesse, ne soit l'essence du véritable amour. Autrefois je croyais aimer mes maîtresses, et mes goûts pour elles n'étaient que le desir d'une jouissance grossière, tombeau de tous les sentimens. Mon cœur brûle aujourd'hui d'un feu divin; un regard de mon amante me fait éprouver mille félicités, et un de ses baisers!.... Ah! dieu! il faudrait inventer de nouvelles expressions, pour peindre les délices où il plonge ton heureux ami. Je les éprouvai il y a huit jours, pour la première fois. J'ai serré dans mes bras cette femme céleste; nos âmes confondues, n'en formèrent plus qu'une, et j'eus la douceur de croire long-temps, que rien ne pourrait les séparer; l'entier oubli de mon amante n'opposait aucun obstacle à mes bouillans desirs. Je n'ai pourtant aucun mérite d'avoir respecté son innocence; pouvais-je penser qu'au milieu de tant de plaisirs, il en existât de plus vifs et qui méritassent de leur être préférés? Ah! j'ai béni mille fois ma retenue; l'instant où j'aurais abusé de la confiance d'Augusta, eût été l'époque cruelle où je la perdais sans retour.

Depuis ce doux événement si cher à mon cœur, tous mes jours s'écoulent encore avec plus de douceur. Ce n'est pas que mon amante se soit relâchée des austères principes qu'elle seule pouvait me faire aimer : plus réservée que jamais, elle s'interdit les choses les plus innocentes ; jamais je ne rencontre sa main qui était toujours sous la mienne dans les différens jeux de nos sociétés ; elle ne marque plus sa place à côté de moi, son genou ne souffre plus d'être pressé par le mien ; mais, mon ami, ses regards à la fois si modestes, si caressans, si tendres, me disent le plus énergiquement qu'elle s'impose ces dures privations pour expier des torts que sa vertu lui reproche ; elle se croit coupable du plus grand crime, pour avoir reçu quelques baisers de celui qui l'adore, de celui qui ose se flatter de devenir son fidèle époux. Cette conduite désespérerait sans doute un cœur rempli de coupables desirs et pénétré d'un amour frivole ; mais brûlant de la plus pure flamme, elle double la satisfaction dont je jouis, augmente, s'il est possible, mon attachement pour Augusta, et ajoute des charmes aux souvenirs délicieux que me retrace sans cesse le moment enchanteur qu'elle m'a fait éprouver. Ah ! mon ami, quel serait l'empire absolu des femmes sur les hommes, si toutes, comme Augusta, pouvaient se convaincre que la modestie et la vertu sont la source des plus vifs sentimens, et le plus grand soutien de l'amour ! Pourquoi voit-on tant d'infidèles ? C'est qu'ordinairement les femmes reviennent rarement sur leurs pas, qu'elles pensent n'avoir plus de refus à faire à celui pour qui elles ont fait quelques sacrifices ; l'amant devient exigeant, la maîtresse trop facile, et bientôt ce feu dévorant qui n'est plus alimenté par les contrariétés de la réserve et de la modestie, s'éteint dans des jouissances criminelles ; en vain par des complaisances multipliées s'efforce-t-on de le rallumer, notre cœur jadis si enflammé devient de glace, et cherche dans un nouvel objet des plaisirs qu'il ne trouve plus avec celui dont il était charmé.

Je crois même, mon ami, que les époux resteraient bien long-temps amans, si une femme eût toujours été irréprochable, et qu'elle sût répandre, d'une main économe, les douces faveurs de l'hymen, si elle conservait plus de modestie, si elle gardait constamment ces craintes qu'inspire la pudeur à l'amante innocente et timide, et qui nous font tant redouter que les sacrifices que nous recevons, ne soient les derniers qu'on doive nous faire. Ah! si jamais j'étais uni à mon amante, je suis bien convaincu qu'elle me ferait encore trouver un prix infini à lui baiser la main après plusieurs années de mariage.

Adieu, mon cher chevalier, je suis sans doute plus heureux que toi, puisqu'aucun pressentiment ne trouble mes espérances, et que je me flatte d'être sous peu l'époux d'Augusta.

LETTRE LVI.

MISS SOPHIE A MISS AUGUSTA.

Londres, 2 juillet.

Je la garderai soigneusement, incomparable Augusta, cette lettre où tu veux peindre des torts, et qui montre si bien la beauté de ton âme, ce monument qui atteste les rares vertus d'un amant si digne de ta foi, et qui doit vous rendre l'un et l'autre l'objet de l'admiration de ce siècle, et l'exemple en délicatesse, des temps à venir. Ah! si le vrai repentir d'un tort qu'on a eu, fortifie nos bons principes, quelle doit être l'éternelle pureté de celle qui déplore si amèrement une légère imprudence? Tu me demandes si je pourrai t'aimer encore.... C'est moi qui te supplie de m'élever jusqu'à toi, en me continuant une amitié dont je ne puis me passer, et une estime dont je serai si flattée.

(95)

Il est donc décidé , ma bonne amie, que nous partirons demain pour Edimbourg, où doit se conclure mon mariage avec le chevalier de Barville. J'ai boudé contre une détermination qui a mis quelque retard à notre futur bonheur ; mais mon oncle, de qui j'attends de grands biens , l'a absolument exigé, et il a fallu se soumettre ; il nous mande même qu'il soupire après cet événement qui doit le mettre à même de se débarrasser d'un de ses parens qui l'obsède , et qui le maîtrisse.

Adieu. A peine ai-je pu trouver quelques minutes pour t'écrire ce peu de mots. J'espère que tu n'en seras pas moins convaincue de tous les sentimens de ta fidèle amie.

———————

~~~~~~

LETTRE LVII.

LA MÊME A LA MÊME.

D'Edimboug 12 juillet

Voyage fatal ! Résolution cruelle ! tu devais donc causer à jamais le malheur de l'infortunée Sophie, et m'enlever à la fois mon cher époux et ma tendre mère ! Tu frémiras, chère Augusta, en lisant les détails de ce terrible événement

Mardi dernier nous partons de Londres, où nous avions laissé le chevalier pour quelques arrangemens qui demandaient sa présence; et devant nous arrêter chez un de nos parens qui se trouvait sur notre route; nous avions disposé nos arrangemens de manière que le chevalier pût arriver à Edinbourg presqu'au même instant que nous. Sur le déclin du jour qui devait ramener mon amant près de sa
~~~~~~

future épouse, mon père; maman et moi nous étions dans une voiture, mes femmes dans une autre, et nos gens à cheval. Quatre cavaliers masqués, armés de sabres et de pistolets nous arrêtent. A vingt pas plus loin étaient deux hommes également à cheval qui gardaient un cabriolet. Nous avions, comme d'usage, la bourse du voleur, et ne fesant aucune résistance, nous nous préparions à la donner, quand un de ces brigands met pied à terre et me dit, le pistolet à la gorge, de descendre promptement. Presqu'évanuie de frayeur à côté de maman déja sans connaissance, je répondis avec le plus de fermeté qu'il me fût possible, que nous allions donner tout notre argent, mais que je ne descendrais pas. Alors ce sélérat me prend à brasse-corps et m'arrache des bras de mon père, qui, vieux et infirme, fesait de vains efforts pour me retenir. Nos gens sous le pistolet, ne font aucune tentative pour nous défendre, et je suis entraînée et portée dans la voiture que nous avions vue, et que l'on avait eu soin de rapprocher de nous. Quelle force d'âme ne fallut-il pas à ta Sophie pour conserver dans une situation aussi terrible, ses sens et sa raison? Je ne doute plus que l'événement qui m'arrive ne soit le résultat de la noire vengeance de M. D***; je ne crains plus rien pour ma vie, et je suis inébranlablement résolue à la perdre plutôt que de favoriser, par une lâche faiblesse, aucune de ses intentions. J'avais déja fait quelques milles avec mes ravisseurs, lorsque j'aperçois devant nous deux chevaux qui venaient ventre à terre. La nuit commençait à déployer ses voiles sombres; je tremble, je desire que ce soit mon amant. Emmenée par six hommes armés, j'étais bien sûre qu'il hasarderait sa vie, sans pouvoir espérer qu'il pût m'etre d'aucun secours. Cependant ils approchent; l'obscurité m'empêche de les reconnaître ; j'entends très-distinctement la voix de La Jeunesse, valet de chambre du chevalier. Agitée de mille mouvemens divers, la supériorité du nombre me fait balancer à exposer inutilement la vie de celui qui m'est si cher ; mais je ne pus tenir à l'idée de ne plus le revoir. Comme nous allions gagner un chemin de traverse qui aboutissait à la grande route, en perdant toute espérance je pousse des cris affreux ; ils parviennent aux oreilles de mon amant, et il reconnait cette voix qui parla si souvent à son cœur. L'éclair n'est pas plus prompt, il vole, il arrive comme un lion près de la voiture où l'on m'avait mise, abat le cocher d'un coup de pistolet, essuie le feu des scélérats qui m'environnent, et soutenu du brave La Jeunesse, le combat s'engage avec acharnement. Déja un de ces brigands a mordu la poussière ; la victoire devient incertaine ; enfin elle se détermine en faveur de mon amant. Rien ne peut plus résister à son héroïque valeur et au courage de son domestique ; les quatre qui restent prennent la fuite en se dispersant avec effroi. Un d'eux lâche un coup de pistolet qui malheureusement atteint l'épaule de mon généreux amant. Il ne sent pas sa blessure, il les poursuit long-temps encore et revient près de moi ; mais, hélas ! j'ai le spectacle déchirant de le voir couvert d'un sang qui m'était si précieux, et qu'il venait si courageusement de verser pour ma défense. Son fidèle valet de chambre et moi nous tâchons de mettre à sa blessure le premier appareil, ou plutôt d'arrêter la perte de son sang qui coulait en abondance. Nous parvenons à en faire cesser le cours, et dans une heure nous sommes rendus à Edimbourg. Là, nous trouvons mon père dans la désolation et le désespoir, et maman dangeureusement malade.

Notre vue console mon père , et maman ajoute à son danger, par le vif plaisir qu'elle éprouve en retrouvant sa fille et son gendre futur. Le chirurgien est mandé , et après avoir sondé la blessure de mon amant , il déclare que si elle n'est pas mortelle, elle est extrêmement dangereuse , et qu'il ne peut encore donner aucun espoir. J'avais passé par les douloureuses épreuves que je viens de te raconter, avec un courage qui aurait fait honneur au caractère le plus ferme ; il s'évanouit à l'idée affreuse que je suis l'innocente cause de la mort violente du trop malheureux chevalier. Je tombe dans tout ce que le délire peut produire d'extravagant, je veux qu'avant de mourir il soit mon époux , espérant de mourir avec lui. L'on ne parvient à me faire abandonner ce projet qu'en me disant que son exécution va assurer la perte de mon amant , en rendant sa blessure incurable. Le chirurgien ajoute, sans

doute pour me calmer, qu'il s'en faut bien que je doive perdre tout espoir. Ces paroles me tranquillisent un peu, et mes alarmes qui n'avaient jusqu'alors pour objet que les dangers du chevalier, se tournèrent enfin vers ceux de la plus tendre mère. Tout mon attachement pour elle reprit sa puissance. Je cours auprès d'elle, je la trouve mourante. « Que j'étais sur-
« prise de votre peu d'empressement,
« ma chère fille, » me dit-elle, « un
« moment plus tard vous ne trou-
« viez pas votre mère vivante. »

Ce juste reproche déchire mon cœur; je verse un torrent de larmes, je ne me justifie pas; je ne savais que sentir et pleurer. Ma mère m'accable de caresses en m'adressant ces paroles :
« Consolez-vous, ma chère fille, bien-
« tôt vous n'aurez plus de mère ; mais
« elle meurt contente, puisqu'elle vous
« a revue. Bénissez le ciel, vous rece-
« vez le plus grand bienfait de la main
« qui doit vous être la plus chère ; la

« reconnaissance et l'amour réunis,
« forment ensemble un doux senti-
« ment qui ne peut s'éteindre dans
« une belle ame, et qui devient la
« source de mille félicités. Puisse
« votre généreux amant vous être
« rendu ! Puissiez-vous long-temps
« avec lui couler des jours sans nuages!
« N'oubliez pas une mère qui vous
« aima toujours si tendrement, et
« que les dangers que vous venez
« d'éprouver font descendre préma-
« turément au tombeau. »

Maman peut à peine prononcer cette dernière phrase, elle n'a plus de force que pour nommer sa chère fille ; la pâleur de la mort est sur son visage ; désolée, effrayée au delà de toute expression, je cherche à ranimer une mère que j'idolâtrais et qui respirait encore. Je mets ses bras dans mon sein, je la couvre de baisers; mais hélas ! précautions superflues ! soins inutiles ! vœux impuissans ! éternels regrets ! Maman n'est déja plus, elle avoit expiré dans mes bras. On m'arrache de force de cet appartement de douleur, on me conduit dans une chambre éloignée...

Adieu. Que la malheureuse Sophie est à plaindre !

LETTRE LVIII.

LA MÊME A LA MÊME.

Edimbourg 15 juillet.

IL ne mourra pas de sa blessure, ma chère Augusta; mon amant est hors de danger. Je pourrai dans peu, avec le plus adoré des époux, pleurer la plus digne des mères, et trouver dans mon union avec lui la seule consolation capable d'adoucir ma juste douleur. J'ai décidé mon père à venir avec nous finir ses jours en France. Dans très-peu de temps j'espère que nous ne formerons qu'une même famille réunie à jamais par les liens indissolubles du vrai sentiment.

L'indigne fils du respectable ami de mon père vient de subir la juste punition que méritait sa conduite. Nous étions presque sûrs qu'il était le chef des scélérats qui nous avaient arrêtés : mais comme il n'en existait aucune preuve, nous avons gardé le silence le plus profond sur cette affaire. Sa publicité aurait désolé une famille estimable, déja assez malheureuse d'avoir donné le jour au plus perfide des hommes. Peu de temps après notre arrivée ici, nous apprîmes qu'il avait fait une chûte de cheval, et qu'il en était mort la même nuit de notre funeste aventure, ce qui fortifia les présomptions que nous avions formées contre lui. Sans doute qu'ayant manqué son coup, il crut qu'il pourrait prouver l'alibi en se rendant à Londres à *crève-cheval* ; mais le ciel permit qu'il trouvât la mort dans cette course précipitée.

Adieu, ma chère amie, j'espère que tu seras à jamais pour moi cette Augusta qui m'a promis de m'aimer toujours. Crois que les sentimens de ta sophie, au moment de devenir vicomtesse de Barville, ne finiront qu'avec elle.

LETTRE LIX.

DU CHEVALIÉR DE BARVILLE AU MARQUIS DE VALBONT.

Edimbourg, 25 juillet.

J'AVAIS bien raison de te dire, mon ami, que je devais me méfier de mon étoile. Ma future épouse m'a dit qu'elle avait écrit à ta chère Augusta les détails de l'événement qui vient de nous arriver et dont sans doute elle a dû te faire part. Je crois cependant que ma blessure n'aura aucune suite fâcheuse; mais je crains beaucoup que ma convalescence ne soit longue.

Penseras-tu maintenant, mon cher marquis, que celui qui croit au bonheur et à la fatalité soit un homme faible ou pusillanime? pour moi, je suis intimement convaincu qu'il est des êtres proscrits qui ne sauraient éviter le sort cruel qui les attend. (1) Puissent mes noirs presentimens ne pas se réaliser! j'aurai du moins éprou-

____

(1) Quelle que soit la vraisemblance de la prédestination, quel que soit l'appui que semblent lui donner les nombreux et frappans exemples du siècle ; il n'est pas moins incontestable que c'est presque toujours dans notre conduite que nous devons chercher la cause réelle des malheurs qui nous arrivent. Celui qui sait mettre à profit les savantes leçons que lui donne à chaque minute son expérience ; qui médite quelquefois sur les événemens qu'ont présenté la suite des siècles, et sur les causes qui les ont opérés, qui refléchit mûrement sur les infortunes qu'il voit éprouver à ceux qui suivent la même carrière que lui, celui-là, dis-je, ne peut craindre de longs malheurs et encore moins la ridicule influence d'une fatalité chimérique.

vé la vive satisfaction qui pouvait m'être la plus chère en arrachant l'aimable Sophie des mains d'un lâche ravisseur.

Adieu, mon cher marquis, je suis encore trop faible pour écrire une longue lettre. Si tous les vœux que je forme en ta faveur sont jamais accomplis, ton parfait bonheur fera le contraste de mes trop longues infortunes.

LETTRE LX.

Traduite de l'Anglais.
M. *** A LADY ***.

Londres, 1 août.

COMMENT peux-tu, ma chère femme, rester si long-temps chez une nation qui a toujours abhorré la nôtre ? J'ai consenti avec la plus grande répugnance à ton voyage, que certainement tu n'aurais jamais eu envie de faire, si ton charlatan de médecin ne t'avait persuadée que l'air de la France

pouvait rétablir ta santé. Cet imbécille ne devait-il pas savoir que l'air
de l'Angleterre est le meilleur qu'on
puisse respirer, notre pays le plus
délicieux de l'Europe, et notre climat,
le plus beau, le plus sain de la terre ?
Tu as voulu faire une épreuve qui m'a
souvent fait craindre pour ta vie. L'attachement que j'ai pour toi me fesait
mettre à ta place, et je trouvais le
remede mille fois pire que le mal
dont tu cherchais à te débarrasser. Je
ne conçois pas quel peut être le sujet
de ta longue persévérance ; il faut que
ces perfides Français t'aient donné
quelque sortilège pour te faire rester
si long-temps chez eux, mais tranquillise toi, j'ai trouvé le moyen d'en
détruire la puissance. Ma présence
est nécessaire près de toi, je pars afin
de t'arracher plutôt à une nation que
je déteste.

Ce n'est point une plaisanterie, ma
chère femme, dans huit jours je serai à
Paris. Tu vas sans doute me croire fou,

suspends ton jugement et apprends la raison qui m'y amene la seule au monde qui pouvait me déterminer à quitter mes chères contrées, surtout pour aller en France.

Le fils de mon constant ami à qui je dois, comme tu sais, toute ma fortune est enfin arrivé de l'Inde ; la satisfaction de ce respectable vieillard est à son comble, il ne redoute point la mort, le juste ne peut la craindre ; mais avant de mourir, il desirait revoir un fils qu'il adore. J'ai partagé tout son contentement ; le bonheur de mes vrais amis m'est toujours aussi doux que celui qui m'arrive. Ce n'est pas tout ; depuis long-temps j'avais promis ma chère fille pour son fils à cet homme vertueux. Au retour de George il m'a rappelé ma promesse ; elle était fondée sur le vœu le plus cher à mon cœur, sur celui dont je ne pourrais me voir déchu sans devenir le plus infortuné des mortels. Tu penses donc bien que j'ai pris de nou-

veau l'engagement inviolable d'y être
fidèle. Je vois d'ailleurs par cet événement, le parfait bonheur de ma fille
assuré ; George est un parti qu'elle
ne pouvait espérer de trouver ; il a
plus de deux cent mille livres ster-
ling, possède toutes les vertus du cœur
et ce vrai caractère de l'homme qui
seul peut être avoué. A la vérité il
n'est pas de ces élégans merveilleux
qui malheureusement depuis quelque
temps fourmillent ici, et qui tous les
ans vont chercher à Paris les vices et
les ridicules de cette nation. Il ne sait
point danser, faire des vers, jouer du
violon, il n'a pas ce ton mielleux,
ces manières efféminées qui désho-
norent la dignité de l'homme ; mais
c'est un véritable Anglais, comme ils
étaient tous autrefois, généreux,
loyal, sincère dans tous ses sentimens,
et qui ayant su juger sa nation, ne
peut et ne doit estimer qu'elle. Enfin
il est grand, bien fait ; en un mot, le
plus digne de devenir l'époux de ma
fille.

George est déja très-amoureux; il prétend que, quoiqu'il n'eût que seize ans à son départ pour l'Inde, il avait éprouvé pour Augusta encore si jeune des sentimens d'amour; et tout ce qu'on lui a dit des qualités de ma fille était bien propre à réveiller sa flamme. Impatient de la revoir et d'accélérer son union avec elle, il a voulu absolument s'en rapprocher, et son père s'est refusé constamment à son desir, à moins que je ne fusse du voyage pour conclure à notre arrivée le mariage projeté. Pouvait-il livrer son fils à lui-même dans cette capitale dangereuse dont l'influence eût peut-être gâté son âme, et fait naître quelqu'obstacle à une alliance si desirée? Il n'en fallait pas moins sans doute pour me déterminer à venir à Paris; mais un homme serait indigne de vivre, s'il ne savait faire des sacrifices pour le bonheur de ses enfans et la félicité de ses amis. J'ai donc fait dresser le contrat de mariage;

dans très-peu de temps nous serons à Paris, et ma fille épousera George huit jours après notre arrivée.

Je crois qu'Augusta va trouver son père bien aimable ; tandis qu'elle feint de s'amuser dans ce superbe château (car je suis bien sûr qu'elle n'a pas eu un seul plaisir depuis qu'elle a quitté l'Angleterre), je m'occupe de lui chercher un mari, et contre toute vraisemblance je me détermine à l'amener près d'elle pour qu'il ne puisse lui échapper. En vérité, c'est ce qui s'appelle un père comme on en voit bien peu. Je devais ce procédé à ma chère fille, elle qui m'a si souvent répété qu'elle ne donnerait sa main qu'à celui que ma clairvoyante tendresse lui aurait choisi pour époux. Embrasse-la de ma part, et dis-lui que le plus beau jour de ma vie sera celui où je la menerai à l'autel, et où je pourrai appeler le vertueux George mon fils. J'espère donc qu'à la réception de ma lettre elle le regardera comme son futur époux , puisque ma résolution à ce-sujet est invariable.

Adieu, ma chère femme , la tendresse que tu as pour ta fille te fera voir avec quelque jalousie, que je me suis seul occupé de son bonheur ; mais le plaisir de le savoir si prochain détruira ce sentiment pénible, et nous partagerons également , n'en doute pas , la félicité de nos enfans et toutes les douceurs qu'elle est faite pour nous procurer.

LETTRE LXI.

DU MARQUIS DE VALBONT AU CHEVALIER DE BARVILLE.

*Du château de L*** , 10 août.*

PRESQU'AU même moment où j'ai appris ton malheur, je reçois ta dernière lettre qui me fait espérer qu'il n'aura aucune suite fâcheuse. Ah !

mon ami, c'est moi qui suis à plaindre ; je suis devenu le plus infortuné
des mortels. Oui , chevalier, il faut
que toutes les furies aient été con-
jurées contre moi, et se soient liguées
ensemble pour attirer sur ma tête tant
de calamités. Le parfait bonheur dont
je t'entretenais dans ma dernière lettre
n'était qu'un raffinement de leur
cruauté ; je devais entrer quelque
temps dans les Champs -Elysées , afin
de mieux sentir tous les tourmens
de l'enfer.

Une âme dénaturée abuse de l'empire que les droits de père et les vertus de mon Augusta lui donnent sur
elle ; il vient de promettre sa main
sans consulter son cœur. J'ai vu cet
arrêt odieux , et il paraît irrévo-
cable... Crois-tu, père barbare , n'a-
voir qu'à jouir de ton indigne triomphe ? Si tu n'avais plongé le poignard
que dans mon sein, j'aurais peut-être
pu voir ton crime avec indifférence
et te le pardonner ; mais le coup qui

m'accable atteint plns dangereusement encore ta fille infortunée. Quelle
que soit sa soumission , je saurai la
soustraire au sort que tu lui prépares.
Tu ne paieras pas de sa vie des obli-
gations qui te regardent personnelle-
ment ; je l'enleverai à ta barbarie , ce
sera de mes bras qu'il faudra venir
l'arracher, et quel sera le téméraire
mortel qui ne trouvera pas la mort
dans cette audacieuse entreprise ?

Ma tête se perd, mon ami; je prends
mes vœux pour une espérance fondée.
Augusta , l'ingrate Augusta a déja
d'une main ferme et décidée rompu
les liens qui l'attachaient à son amant.
Elle me fuit , son départ est arrêté,
et rien ne peut la détourner de
remplir les intentions de son perfide et cruel père..... Ah ! que les
femmes sont au-dessous de nous en
sentimens ! Le plus léger obstacle
vient-il s'opposer au vœu de leur
cœur , plus faibles que le roseau, elles
cèdent sans résistance à l'objet qui les

contrarie ; elles se livrent à des goûts
nouveaux, elles espèrent d'autres
jouissances qui ont toujours des charmes pour elles , si elles sont faciles à
obtenir. Qui pourrait croire qu'Augusta, si naïve, si sensible et si tendre,
qui m'avait juré de m'aimer éternelle-
ment, eût abandonné son amant sans
balancer, et sans lui promettre d'employer auprès de son père, tant de
moyens qu'elle peut faire valoir pour
le déterminer à favoriser nos vœux.
En vain elle me cache le moment de
son départ, il n'échappera point à ma
surveillance. Je la suivrai , non pour
lui reprocher sa perfidie, mais pour
l'accompagner à l'autel , et mon sang
versé sous ses yeux éteindra peut-être
le flambeau de cet odieux hymen , ou
du moins lui reprochera son parjure.

~~~~~~

LETTRE LXII.

MISS AUGUSTA AU MARQUIS DE VALBONT.

Du château de G * * * 12 août.

QUAND vous recevrez cette lettre, mon digne et tendre ami, votre malheureuse amante aura cessé de vivre en s'éloignant de vous pour jamais. Je ne ferai point valoir à vos yeux les douleureux combats que j'eus à éprouver; je ne vous parlerai pas longuement des peines déchirantes que me cause le sacrifice fait à mes devoirs, encore moins de la force, de la vivacité de mes sentimens pour vous. Peut-être aujourd'hui taxez vous d'ingratitude votre trop infortunée maîtresse. Hélas! il ne m'est plus permis de me livrer à l'affection qui devait me coûter la vie; mais dans quelque temps vous jugerez si cette Augusta à qui vous inspirâtes
~~~~~~

un amour et si vif et sitendre, qui, en dépit de toute puissance, vous adore plus que jamais et vous adorera toujours, si cette Augusta, dis-je, était digne d'être votre amante et de devenir votre épouse. Ne croyez pas, cependant, que je puisse m'enorgueillir du plus pénible dévouement dont un mortel puisse donner l'exemple. Mon faible cœur, que vous préservâtes du comble de la corruption, n'aurait pu s'y décider; si je n'avais écouté que lui, il aurait ajouté aux torts qu'il m'a fait commettre, celui de me rendre indigne d'avoir reçu le jour, en me faisant mépriser l'autorité sacrée de mon respectable père C'est encore vous qui m'avez préservé de ce crime odieux, au moment de succomber à son ignominie; le souvenir de vos vertus m'a couverte de honte. Quoi! me suis-je dit, celle qui fut adorée du marquis de Valbout, qui eût été son épouse chérie, si l'implacable sort qui me poursuit n'en eût autrement décidé, cette Augusta, qui aima si longtemps le bien, ne posséderait pas une vertu! après avoir oublié quelques instans les devoirs de son sexe, elle deviendrait fille coupable! elle serait insensible à la piété filiale! Ah! mourons, puisqu'il faut mourir; mais soyons digne, au moins une fois, du plus parfait des hommes.

Vous qui êtes si bien fait, mon tendre ami, pour apprécier les actions louables, vous laisseriez-vous assez égarer par votre passion pour mal interpréter ma conduite? Seriez-vous assez injuste pour attribuer à la faiblesse une soumission qui tient de l'héroïsme? Vous fûtes assez vertueux pour être le gardien fidèle de mon innocence; ayez le courage de pousser jusqu'au bout votre sublime générosité; ne cherchez pas inutilement à apporter aucun obstacle au vœu de mon père, et à ébranler la résolution que j'ai prise d'obéir à ses lois. Ah! que sur-tout cette cruelle et pénible détermination ne diminue point l'idée que vous devez avoir de la sincérité de mon amour ; considére - la plutôt, mon unique ami, comme la plus grande preuve que je puisse en donner.... Tu pourrais, sans doute, malgré l'autorité de mon père, devenir mon époux ; mais, mon ami, il faut mériter l'estime pour l'obtenir d'un cœur vertueux. La durée de l'amour qu'éprouvent des amans éperdus est une pure chimère : l'effervescence des sentimens violens passe et se détruit bientôt, alors tu ne verrais en moi qu'une femme justement méprisable, à qui tu ne donnerais pas même ton amitié ; la malheureuse Augusta punie de ses crimes par ta froideur, finirait sa déplorable vie dans les remords déchirans d'une conscience coupable. Laisse - moi, mon ami, mourir avec la paix de l'ame ; n'ajoute pas à tous les maux qui m'accablent, letourment encore plus amer de ton courroux et de tes peines. Cache-les plutôt à cette amante infortunée qui te sera toujours fidèle , même en renonçant à toi.

Il faut finir cette lettre, mon adorable ami..... Aurai-je le courage de te faire mon dernier adieu?..... Ah ! mes forces m'abandonnent ; un torrent de larmes effacera toujours ce mot déchirant..... Devoirs barbares! Inhumaine vertu ! Vous ai-je encore assez sacrifiés ?.... Mais non , c'est pour mon amant seul que je me sacrifie ; il m'aimera , il m'estimera et je mourrai heureuse... Cette idée consolante me rend tout mon courage. Adieu pour la vie , amant idolâtré et si digne de l'être. N'écris plus à ton infortunée maîtresse ; elle ne peut ni ne doit plus recevoir tes lettres. Imite-la dans son dévouement , dans sa fidèle tendresse, et nous prouverons que les plus hautes vertus sont l'essence du véritable amour ; mais qu'on ne peut sans mourir en voir rompre les chaînes.

LETTRE LXIII.

LE MARQUIS DE VALBONT AU CHEVALIER DE BARVILLE.

*Du château de G*** 13 août.*

O douleur ! ô regrêts ! ô désespoir ! J'ai donc perdu mon Augusta sans retour ! Livré à la plus affreuse solitude, je porte mes pas dans tous les lieux où je fus avec elle ; mes soupirs ne sont plus que des hurlemens de rage ; je la demande à tout ce qui m'environne, et rien ne répond à ma gémissante voix ; je me plains de sa noire perfidie, et je ne trouve aucune consolation…. Tu n'échapperas point aux effets de ma vengeance, femme ingrate et toujours artificieuse. Toi, ton père, ton futur époux, allez devenir ensemble les victimes de ma juste fureur.

LETTRE LXIV.

LE MÊME AU MÊME.

*Du château de L*** 14 août.*

COMMENT ai-je pu , mon cher chevalier, former l'odieux projet conçu dans le délire du désespoir , et contenu dans le peu de lignes que je t'écrivis hier ? Je viens de recevoir une lettre d'Augusta , et cette femme étonnante , en causant mon supplice, me force d'admirer sa conduite et ses rares vertus. Jamais je ne me pardonnerai d'avoir menacé de mes fureurs mon incomparable amante. Puisse-t-elle toujours ignorer ce mouvement qui me rend si petit à mes yeux. Ah ! du moins je ne lui donnerai plus à rougir des sentimens qu'elle a pour moi; je me montrerai , non pas aussi grand qu'elle, il n'appartient à personne de l'égaler , mais aussi généreux ; et si je ne suis pas sa lettre dans tous ses points , les démarches que je me propose de faire , ne porteront aucun trouble au cruel événement qui prépare ma perte. J'irai , chevalier , me jeter aux genoux de l'heureux mortel à qui l'on destine la plus accomplie des femmes; je lui ferai connaître toute la vivacité de mon amour, je lui montrerai la lettre d'Augusta ; les Anglais sont généreux , sensibles ; compatissans ; pourquoi ne deviendrait-il pas mon ami et mon protecteur ?

Adieu, je te quitte pour exécuter ce projet. Ne m'écris plus ici , je pars cette nuit. Je sais où viennent descendre le père d'Agusta et son futur époux ; je veux voir ce dernier avant qu'il ait vu celle que j'adore. Tout serait perdu si mon amante s'offrait à sa vue , et que ma démarche ne fût point faite. Dans le plus court delai je serai à Paris. J'ai même caché mon projet à ma sœur , désespérée autant

que moi-même de mes infortunes.
N'en parle pas à ta future épouse.
Adieu , je pars à l'instant.

~~~~~~~~~~~~~~~~~~~~~~~~~~~~~~

LETTRE LXV.

MISS AUGUSTA A MISS SOPHIE.

Bordeaux , 14 août.

C'EST après quelques heures de route que je vais essayer de te faire connaître, ma chère Sophie, les peines que je viens de souffrir, les malheurs cuisans qui m'accablent maintenant, et les maux plus cruels qui m'attendent encore. Ces douces espérances dont tu flattas si souvent ma trop simple crédulité, se sont donc évanouies pour toujours. Ces brillantes chimères que le plus vif amour me fesait adorer et poursuivre , sont disparues comme un songe; et même , si par un effet de lassitude je sommeille quelques instans , des rêves affreux
~~~~~~~~~~~~~~~~~~~~~~~~~~~~~~

remplacent ces illusions charmantes; cette nuit sur-tout, je croyais être dans une île enchantée où s'était retiré mon amant; je le cherchais en marchant sur des roses. Déja l'écorce de l'oranger présente à ma vue nos chiffres entrelacés qui ne peuvent avoir été gravés que par sa main. L'espérance ranime mon cœur, quand tout à coup un orage affreux boule-verse la nature, le ciel s'obscurcit, le tonnerre gronde, la terre s'ébranle, s'entr'ouvre sous mes pas, et je me vois dans un épouvantable désert. Parmi les différens objets qu'il pré-sente à mes yeux effrayés, j'y dis-tingue des ossemens et des ronces desséchées; quelques ruines qu'ha-bitent des reptiles venimeux se trou-vent dans son enceinte; les seuls oiseaux de nuit font entendre leurs chants lugubres; au milieu est un noir rocher parsemé de laves, sur lequel est placé le flambeau de l'hyménée, mais il brule d'un feu pâle et vacillant ; près de là sont deux tombeaux nouvellement construits, qui du moins firent naître dans mon âme désolée l'idée consolante qu'il est enfin un terme aux misères humaines.

Quel crime ai-je donc commis pour éprouver tant de maux? Ah! le plus cruel de tous est de penser que l'amant que j'adore est peut-être plus malheureux que moi. Je l'ai quitté pour jamais, chère Sophie ; je lui ai caché le moment de mon départ. Esclave soumise, je me suis résignée sans opposition à remplir les intentions de mon père ; je savais que j'allais plonger le poignard dans le sein de mon amant, et cette idée odieuse et révoltante n'a pu m'arrêter.

Plains ta malheureuse amie, elle n'a plus à espérer que la mort. Ma tendre mère répand des pleurs sur mon triste sort, et moi je ne puis verser une larme. Toutes mes douleurs sont concentrées au fond de mon âme, et les dehors d'une froide tranquillité feraient juger que j'y suis insensible. Ma pauvre maman est méconnaissable depuis la fatale lettre qui contenait la condamnation de sa fille. Ah ! si j'étais encore réservée à diminuer le nombre de ses jours par les peines que lui causent mes malheurs, aucun frein ne me retiendrait plus, et l'affreux désespoir où je serais réduite me ferait maudire l'instant de ma naissance et peut-être celui de qui je tiens la vie.... Malheureuse! Augusta, peux-tu prononcer ce blasphême? fille ingrate! toi seule est criminelle. Ton tendre père cause es maux en voulant ton bonheur; tu formas sans son consentement une inclination qu'il ignore et qui par-là devient coupable.

Adieu, chère Sophie; malgré le sort cruel de ta malheureuse amie, elle a été pourtant bien sensible au fâcheux événement que tu viens d'éprouver; mais bientôt tu verras couronner tes vœux, et moi l'on me traîne au supplice.... Adieu encore, quand cesserai-je de souffrir ?

~~~~~~~~~~~~~~~~~~~~~~~~~~~~

LETTRE LXVI.

LA MÊME A LA MÊME.

Paris, 22 août.

J'ARRIVE pour la seconde fois, ma chère amie, dans cette ville fatale où tous mes goûts et mes sentimens devoient être changés, dans ce lieu si perfide à ma tranquillité, à mon bonheur ; dans ce séjour dangereux où j'ai connu le cruel amour, et qui va devenir le tombeau de toutes les illusions flatteuses qui m'attachaient à la vie.

Mon père a reçu dans ses bras la fille qu'il aime et qu'il doit pourtant immoler. Ses tendres caresses, ses vifs témoignages d'affection m'ont fait un instant oublier mes douleurs, et mon âme dont les chagrins ont épuisé
~~~~~~~~~~~~~~~~~~~~~~~~~~~~

toutes les facultés, a ressenti néan‑
moins de douces impressions filiales.
Pour la première fois depuis mes infor‑
tunes, un torrent de larmes a coulé
de mes yeux, et mes angoisses ne
sont plus si vives. Peut-être dans ce
moment, si j'eusse déposé dans le sein
paternel et mes fautes et mon amour,
si j'avais fait connoître les qualités de
mon amant et ma pénible situation,
j'aurais pu émouvoir un père sévère
et non dénaturé ; mais, hélas ! il a
vu mon embarras, mes pleurs ; il doit
s'être aperçu de mes peines et du
grand changement qu'elles ont produit
sur sa fille, et il n'a pas fait une ques‑
tion à ce sujet ! Trop malheureuse
Augusta, ta démarche n'eût servi
qu'à l'irriter. Je suis bien convaincue
que l'époux qu'il m'a choisi a des
vertus ; il croit qu'elles sont le plus
sûr garant du bonheur dans le mariage
et considérant mon amour pour le
marquis comme un aveugle et frivole
attachement de jeunesse, il n'en

aurait pas moins persisté dans des intentions qui n'ont pour objet que la félicité de sa fille , et bientôt désabusé par ma fin prochaine, ma mort eût empoisonné le reste de sa vie. Ah ! laissons lui ignorer que de sa propre main il immole sa fille.

Il m'a présenté, sous le nom de mon futur époux, le fils de son ami. Quelle force ne m'a-t-il pas fallu pour soutenir cette cruelle entrevue ? Jamais le criminel auquel on lit sa sentence de mort et les détails de son exécution, n'a été si douloureusement affecté. Ma pauvre maman qui souffrait sans doute autant que moi , a abrégé la durée de cet horrible moment; et prétextant que j'avais eu un peu de fièvre la nuit dernière , elle m'a dit qu'elle me conseillait d'aller prendre quelques heures de repos, ce qui m'a donné l'occasion de monter dans ma chambre où j'ai été pleurer et gémir à mon aise.

Le plus pénible de ma situation ,

chère Sophie , est de ne rien savoir sur le compte de mon amant. Je lui ai défendu de m'écrire , et il met une docilité désolante à exécuter cet ordre sévère , cet ordre si opposé au desir de mon cœur , et qui lui fut tracé par une main si tremblante...... Serait-il possible que déja il eût oublié celle qui , forcée de renoncer à lui, ne voit plus que la nuit du tombeau ?... Ah ! oui , je suis assez malheureuse pour éprouver l'ingratitude de mon amant, en mourant de la tendresse et des sentimens qu'il m'inspire.

LETTRE LXVII.

LA COMTESSE DE LOFFENVAL

A MISS AUGUSTA.

*Du château de G*** 18 août.*

O trop cruelle amie , qui sauvâtes une fois le plus tendre des amans , le plus adoré des frères , c'est à vous que je m'adresse pour que vous me rendiez celui qui m'est si cher, ou que vous m'appreniez du moins ce qu'il est devenu.

La nuit du jour de votre départ, mon frère a quitté sa terre, il a fait venir des chevaux de poste, a laissé sa voiture, et n'a emmené de ses gens que son valet de chambre ; lui qui ne fit jamais aucune absence sans m'en instruire et me faire ses adieux, il me livre cette fois-ci par sa fuite cachée, à des craintes désespérantes. Inutilement j'ai cherché à découvrir quels pouvaient être ses projets et quel est le lieu de sa résidence ; toutes mes connaissances à Paris me mandent qu'on ne l'a point vu dans cette ville, et que son hôtel est fermé. Il n'a pas pris la route de Bordeaux, où il n'aurait pas pu passer sans être reconnu, j'ai eu des informations certaines qu'il a pris tout autre chemin. Que sera donc devenu, mademoiselle, mon trop malheureux frère ?

Ne l'arrachâtes-vous des bords du tombeau que pour prolonger ses infortunes et pour mieux assurer sa perte?

Je croyais, mademoiselle, que vous aviez l'âme bonne et sensible, j'étais bien loin de prévoir que l'estime et l'amitié que vous m'avez inspirées me préparassent d'aussi grands chagrins. Qu'auriez-vous pu faire davantage à vos plus cruels ennemis? vous me nommâtes la meilleure de vos amies; vous eûtes l'air d'éprouver une satisfaction réelle lorsque je vous appelais ma chère sœur, et le résultat de ces marques trompeuses d'affection causent le malheur d'une famille respectable qui n'a d'autres torts avec vous que de vous avoir fait son idole. En vain mademoiselle, voudrez-vous justifier votre conduite par la soumission que toute fille bien née doit aux auteurs de ses jours. Ces pitoyables raisons ne paraîtront pas même spécieuses à celui qui serait le plus porté à vous juger favorablement. Je connais aussi bien que vous les devoirs des différentes situations de la vie, et je crois pouvoir mettre en fait qu'il n'en existe aucun qui autorise l'inconséquence, la fausseté et la plus noire ingratitude. Vous vous faites une gloire orgueilleuse de suivre les intentions de M. votre père ; mais l'intime liaison que vous aviez formée avec le plus sincère amant, les preuves d'attachement qu'il a reçues de vous et celles dont il vous a comblée, vous imposaient l'obligation sacrée d'employer tous les moyens qui seraient en votre pouvoir pour faire changer ses projets. Où sont les combats que vous avez livrés? quelles sont les prières que vous avez faites? est-il même une minute de persévérance que vous puissiez faire valoir? vous recevez la lettre qui vous annonce les nouveaux engagemens qu'on veut vous faire former, en supposant sans doute que votre cœur soit libre. Votre

honnête et tendre mère, dupe comme
nous des sentimens que vous avez dé-
montrés, cherche les moyens d'éluder
les vues de son époux, vous arrêtez
ses soins, vous cessez précipitamment
toutes relations avec votre amant à
qui vous deviez tant de ménagement
et de reconnaissance, vous ne le voyez
plus, et vous ne trouvez de force que
pour obéir à des ordres que vous seule
croyez impérieux, vous vous parez
des dehors d'une profonde tristesse
pour tromper les yeux qui vous ob-
servent, et vous vous imaginez n'avoir
plus à donner aucune autre preuve
de sensibilité, de bonne foi et d'amour.
Allez, mademoiselle, vous croire
fausse ou ingrate, c'est le jugement
le plus avantageux qu'on puisse porter
sur votre compte.

Mais le comble du ridicule, ce qui
devient même outrageant pour ma
famille, ce sont les motifs sur lesquels
vous avez osé fonder en notre présence votre soumission intéressée. Il

est extrêmement plaisant de vous entendre dire que vous êtes physiquement certaine que M. votre père ne consentirait jamais à former une alliance avec nous, comme si elle devait lui faire tort, ou que la naissance de notre famille fût inférieure à la vôtre. Apprenez, mademoiselle, que le premier lord d'Angletere peut donner sa fille à un seigneur de la cour de France, sans avoir la crainte de lui faire faire une mésalliance par cet établissement.

Cette cour est ornée d'une foule de familles dont l'origine est bien plus ancienne que votre nation (1),

(1) La comtesse de Loffenval partage le préjugé de beaucoup de gens qui croient que l'Angleterre ne peut avoir une grande antiquité, parce qu'elle se trouve séparée du continent et qu'elle n'a conservé presque aucune tradition de ce qui se passa chez elle avant l'invasion des Romains. Cependant les auteurs conviennent eu général que les *Bretons* où les premiers habitans de cette île ont tiré leur origine des *Celtes* ou *Gaulois* descendus de *Gomer* fils de Japhet.

et qui n'admet dans son sein aucun individu qui ne soit d'extraction noble, à moins que quelques grands services n'ait illustré leur nom. Conséquemment, mademoiselle, M. votre père à qui vous supposez tant de répugnance à s'allier avec nous, ne pouvait qu'être très-flatté d'un honneur auquel sans doute, en se rendant justice, il n'avait pas le droit de prétendre. Ne prenez pas ces vérités pour un mouvement d'orgueil; ma première façon d'agir avec vous prouve que je n'en suis pas susceptible, et si je vous ai fait sentir ici la distance qu'il y a de vous à moi, c'est pour vous prouver que ma famille ne peut recevoir de la vôtre aucune humiliation, et que je n'ai point été la dupe des motifs déplacés dont vous avez voulu colorer votre coupable conduite.

Si votre âme est encore susceptible d'un reste de reconnaissance pour une femme qui vous était si véritablement attachée , et qui désirait le plus ardemment votre bonheur, j'espère que vous voudrez bien lui apprendre ce que son frère est devenu ; il vous a sûrement écrit pour vous faire connoître ses projets. L'état où je l'ai vu la veille de votre départ, livre mon âme au désespoir. Ah ! je vous pardonne , mademoiselle , toutes les peines que vous m'avez faites et les torts nombreux que je puis vous reprocher, si vous daignez encore veiller à son sort et prévenir par le souverain empire que vous avez sur lui, les sinistres résolutions auxquelles il pourrait se déterminer. C'est la dernière grâce que vous demandera la trop malheureuse comtesse de Lof-fenval.

LETTRE LXVIII.

RÉPONSE DE MISS AUGUSTA A LA COMTESSE DE LOFFENVAL.

Paris, 24 août.

L'INFORTUNÉE Augusta était donc destinée à éprouver tous les désagrémens auxquels on peut être le plus sensible. Déchirée par l'amour, victime de l'attachement que son père a pour elle, fortement outragée par l'amitié, il ne lui manque plus que d'être méprisée d'un amant qu'elle adore, et pour qui seul elle meurt afin de se rendre estimable à ses yeux.

Je ne me justifierai pas auprès de vous, madame la comtesse, des reproches durs et amers que vous faites à ma sincérité et à ma délicatesse; c'est à mon amant à connaître toute la pureté de mon cœur. S'il eût été susceptible des vices affreux que vous

lui supposez, jamais Augusta n'eût
régné sur celui de votre frère. Le
temps vous apprendra, j'espère, madame, que je n'ai surpris aucun des
sentimens dont vous avez voulu m'honorer , qu'Augusta ne fut jamais
fausse, perfide amie, ingrate amante,
mais seulement la plus à plaindre, la
plus malheureuse des femmes.

Quant aux prétextes outrageans
dont vous dites que je me suis servie
pour justifier ma conduite, soyez persuadée, madame la comtesse, que
celle que vous déchirez si impi-
toyablement, que vous humiliez
avec tant de plaisir et d'injustice, sut
connaître tout l'honneur que devait
faire à sa famille l'alliance de la vôtre.
Si elle eût pu disposer d'un trône,
elle aurait cru l'honorer en y plaçant
votre frère et en acquérant le droit
de vous appeler sa sœur. Quand j'ai
dit devant vous, madame, que mon
père ne consentirait jamais à donner
ma main à celui que ses vertus et

(143)

l'amour m'ont rendu si cher, c'est que
je connaissais l'implacable haine qu'il
porte aux Français, et tous les préjugés qu'il a contre cette nation : il
aurait cru sacrifier sa fille en l'unissant
à votre frère, et je crois qu'aucune
puissance au monde n'eût arraché son
consentement à ce sujet.

Voilà la seule raison qui a donné
lieu aux propos qui vous ont tant
offensée. Je n'ai jamais douté, madame, de l'ancienneté de la no-
blesse Française et de l'illustration
de la vôtre ; mais j'ai cru, pour
le moins inutile, de m'occuper à
chercher l'origine de ma patrie. Vous
pouvez être à ce sujet plus instruite
que moi, et mieux sentir sur-tout
la gloire que retire un individu de
l'antique existence de sa nation. Je
sais que la mienne est heureuse et
célèbre, et que ma famille depuis
plusieurs siècles honnête et considérée
(dont les titres ne datent pas du dé-
luge) ne peut faire tort à aucune autre
par son alliance.

Jen'ai point eu de nouvelles , madame , de M. votre frère , et j'ignore absolument ce qu'il est devenu ; les alarmes de l'amour sont bien plus vives et plus cruelles que celles qu'inspire la nature ; je suis donc , sous ce rapport , plus à plaindre que vous ! Ah ! si vous connaissiez tous mes tourmens, vous me pardonneriez, madame , les peines que je vous donne innocemment; elles sont plus poignantes pour moi que pour vous , et les suites en seront bien plus terribles.

Veuillez oublier un instant les torts que vous me supposez et qui m'ont attiré votre haine. Vous apprendrez, plutôt que moi, des nouvelles de mon amant. Il n'aime plus son Augusta , il ne m'a point écrit. Le cruel ! il me fuit , il me croit ingrate ; Dieu ! peut-être il me déteste...... Ah ! dites lui , madame la comtesse, que l'infortunée Augusta respire encore , et quelle n'a plus que quelques momens à souffrir... dites-lui que mon amour soutient

encore sa vie douloureuse et chan-
celante, et que quand elle ne pourra
plus écouter sa voix, Augusta ne sera
plus.

Me refuserez vous, madame, la grâce
que j'implore à vos genoux ? après
avoir perdu votre amitié, m'ôterez-
vous encore ce sentiment de commi-
sération que vous éprouvez sûrement
pour tout être malheureux ? Jamais
l'infortunée Augusta ne fut plus digne
de l'un ni de l'autre, puisqu'elle n'a
cessé de vous aimer tendrement, et
qu'elle meurt pour mériter le titre
glorieux que votre frère voulait lui
donner.

<hr>

CHAPITRE LXIX.

LE MARQUIS DE VALBONT AU CHEVALIER DE BARVILLE.

Paris, 24 août.

IL me reste une lueur d'espérance,
mon cher chevalier, j'ai vu l'esti-

mable Anglais qu'on destine à mon amante. Voici quellé fut ma conduite et le résultat de l'entretien que j'eus hier avec lui.

Je me présente à l'hôtel du Parlement d'Angleterre où il loge avec son futur beau-père. En entrant dans les cours, je rencontre un colosse d'homme qui regardait laver une voiture. Trop occupé pour faire beaucoup d'attention à lui, le prenant pour le portier, je lui demande s'il ne pourrait pas m'indiquer le numéro de celui à qui j'avais à faire. Il se tourne vers moi d'un air brusque, et me répond en mauvais français : « que demandez-vous ? » J'étais si peu fait à une pareille réception, que je lui répliquai avec emportement qu'il fallait sans doute qu'il fût ivre pour me parler d'une manière si impertinente, que j'étais le marquis de Valbont, et que je venais pour voir M. George, Anglais nouvellement arrivé, à qui j'avais à communiquer des affaires importantes.

Alors il se déride, et en me deman-
dant pardon, il me dit à sa manière,
que quoi qu'il ne fût point le portier
de l'hôtel , comme j'avais l'air de le
penser , puisque M. George était son
ami et bientôt son fils , il allait me
conduire dans son appartement. Je
faillis tomber à la renverse en songeant
que j'avais parlé au père d'Augusta et
avec si peu de ménagement. Il prit
le trouble cruel dont j'étais agité pour
un reste de colère que je venais de
manifester : « Pardonnez-moi , M. le
« marquis , » me dit-il , avec cet air
de franchise inséparable de l'Anglais
qui se livre , « je n'ai sûrement pas
« eu l'intention de vous offenser ,
« je vous prenais pour un de ces
« importuns qui assiégent perpétuel-
« lement ceux qui logent ici; j'espère
« que vous voudrez bien excuser et
« ma malhonnêteté et ma méprise. »
Mille mouvemens divers se succé-
daient dans mon âme ; cent fois je
voulus tomber aux pieds de cet

homme qui ne m'inspirait plus que la vénération et le respect, pour lui dire que sa fille m'avait nommé son époux, et que c'était moi qu'il devait appeler son fils ; que les sentimens qu'Augusta avait pour moi et mon exclusif amour pour elle, devaient me rendre à ses yeux paternels le plus digne de le devenir. Tout en fesant ces réflexions nous arrivâmes à la porte de son gendre futur, et l'éloignement soudain du père d'Augusta mit fin à mes irrésolutions. J'entre chez M. George; son abord me donne quelque confiance ; il me demande avec beaucoup de franchise quel est le sujet de ma visite ; que je paraissais agité de quelque grande peine, et qu'il me priait d'être persuadé que, quoiqu'il n'eût point l'avantage de me connaître, il se trouverait heureux s'il pouvait en adoucir l'amertume. Ce début honnête et loyal me donne une entière confiance. Je lui réponds, avec l'expression touchante

du sentiment qui m'anime : « L'amour
« au désespoir autorise, monsieur,
« toutes les démarches ; vous voyez
« devant vous le plus heureux des
« hommes, puisqu'il a su mériter
« l'amour d'une femme céleste, et
« en même temps le plus à plaindre
« et le plus infortuné, par des obs-
« tacles insurmontables qui s'oppo-
« sent à son union avec elle, et que
« vous seul pouvez détruire. »

Je tire de mon porte-feuille la dernière lettre d'Augusta ; « voyez, »
lui dis-je, « monsieur, cet exemple
« unique de l'héroïsme, de la vertu et
« de la soumission filiale ; voyez les
« sublimes mouvemens de cette âme
« angélique.... Je n'en doute pas,
« monsieur, vous serez le protecteur
« généreux, le dieu tutélaire de deux
« amans si cruellemant infortunés.
« Il est digne de la grandeur d'âme
« d'un Anglais, d'arracher du tombeau
« deux victimes intéressantes, prêtes
« à être sacrifiées et qui méritent un

« autre sort. »... Cet homme parcourt
avec la plus vive émotion la lettre d'Augusta; des soupirs qu'il étouffe, de légers
sanglots qu'il cherche à contraindre in-
terrompent souvent sa pénible lecture;
il l'achève enfin, et se levant sans pro-
férer une parole, il se promène dans
l'appartement, d'un pas irrésolu; sa
main frappe souvent son front. L'état
où je le vois réveille mes alarmes et
me plonge dans les plus cruelles perplexités. Je reconnais qu'il a déja vu
l'adorable Augusta, et que l'homme
que je venais implorer pour servir ma
tendresse est à jamais mon dangereux
rival. Cédant à un mouvement de
fureur, j'interromps les réflexions
auxquelles il paraissait se livrer; je
lui dis avec vivacité : « Faites cesser
« sans pitié, monsieur, l'incertitude
« cruelle de ma position, ne craignez
« ni mon ressentiment, ni ma haine,
« en détruisant le reste d'espérance
« qui me fait vivre; bientôt vous
« apprendrez ma mort, et si j'étais

« assez malheureux pour exister
« encore en perdant mon amante,
« vous verrez fuir dans quelque désert
« un amant malheureux, mais tou-
« jours fidèle, dont vous n'aurez plus
« rien a redouter.... » Non, » me
répond ce sensible et généreux Anglais, « non, vous ne fuirez point,
« vous resterez dans la société pour
« en être l'ornement, et pour y
« donner l'exemple d'un amour si
« pur et si fidèle; vous vivrez pour
« faire le bonheur de celle qui par
« tant de vertus mérite le meilleur
« sort. Je l'adore autant que vous ;
« mais je vous fais le sacrifice de tous
« les droits qu'on m'a donnés sur
« elle ; puisque vous êtes assez heu-
« reux pour posséder le cœur de l'in-
« comparable Augusta, c'est à vous
« qu'elle doit appartenir. » Il me serre
dans ses bras, m'appelle son plus
sincère ami, et me jure à jamais un
entier dévouement. Etrangement surpris d'une conclusion à laquelle je

m'attendais si peu , je crus voir un dieu dans l'homme que j'étais venu solliciter ; j'embrasse ses genoux , je lui prodigue tous les témoignages de la plus vive reconnaissace ; sa belle âme s'humilie de l'étonnement que je ne puis m'empêcher de marquer ; il me prie de cesser de vaines démonstrations qui n'ajoutent rien à l'idée qu'il se forme de ma sensibilité , et voulant se dérober sans doute aux nouvelles preuves de gratitude que je n'aurais pu m'empêcher de lui donner, il prétexte une affaire qui l'oblige de me quitter. Je veux le faire expliquer sur les moyens que je dois mettre en usage pour m'assurer de la main d'Augusta ; il me répond qu'il ne peut rien m'apprendre à ce sujet ; qu'en m'instruisant de ses vues, il s'exposerait à rendre nulles ses bonnes intentions ; mais que je pouvais être tranquille et me reposer sur son attachement et son zèle. Je me crois joué, j'insiste sur ma demande , il est inébran-

lable. Il me prie de lui donner mon
adresse et de cacher mon séjour à
Paris, m'iuterdit de le revoir, me dit
d'attendre de ses nouvelles, et nous
nous séparons.

Telle est, mon ami, mon incroyable entrevue avec celui qui, quoique
mon rival, a promis de favoriser franchement et ma tendresse et mon union
avec Augusta. Le mystère dont il veut
couvrir sa conduite est bien propre à
m'inspirer des soupçons. Ne m'aurait-
il montré tant de génerosité, tant de
grandeur d'âme que pour mieux m'a-
buser et assurer son triomphe? cette
idée me désole ; je ferai épier ses
mouvemens, et s'il osait lâchement
me tromper, je saurais punir sa noire
perfidie. Adieu.

LETTRE LXX.

MISS AUGUSTA A MISS SOPHIE.

Paris, 1 septembre.

JE touche au comble de mes maux, ma chère Sophie, l'autel est préparé, les sacrificateurs sont au temple, l'encens brûle de toutes parts, et l'innocente victime n'a plus que quelques heures à respirer. Je respecte et j'aime encore la main qui me frappe. Oui, mon père, je vous pardonne ma mort et mes infortunes. Si vos préjugés funestes à votre malheureuse fille vous firent tromper sur les moyens d'assurer son bonheur, elle n'en est pas moins convaincue que votre cœur n'est point coupable.... Maman mourante de mes peines, a essayé d'éclairer sa tendresse. « Quoi ! » lui a-t-il répondu, « vous voulez que par une « criminelle condescendance, garant

« infaillible du mallheur de ma fille,
« je consente à l'unir à un Français !
« ne savez-vous donc pas que la cor-
« ruption, la fausseté et l'inconstance
« forment le caractère de cette nation.
« (1) Un père tendre et sage, véritable
« ami de ses enfans, doit guider leur
« expérience; il doit les détourner de
ces routes fleuries, mais pleines

----

(1) Telle est en effet l'idée que les Anglais ont
eue long-temps du caractère français; mais le
plus grand nombre de ceux qui ont voyagé en
France et qui ont parcouru ce pays en fidèles
observateurs, ont rapporté dans leur patrie des
opinions plus avantageuses sur le compte de
cette nation à qui l'impolitique jalousie de ses
voisins a fait tant de mal. Ce qu'il y a de cer-
tain, c'est que les Anglais recevaient en France
l'accueil le plus flatteur, c'est qn'ils étaient
le peuple que les Français estimaient le plus et
le seul qu'ils cherchassent à imiter. J'oserai
en appeler à tous les Anglais qui ont formé
d'intimes liaisons en France ; qn'ils disent s'ils
ont jamais eu à reprocher aux Français cette
immoralité ou cette légéreté de principes que
la nation Anglaise leur a si long-temps prêtée.

« d'écueils que leur présentent leurs
« aveugles passions. Je trouve pour
« l'établissement de ma chère fille,
« un des hommes les plus vertueux
« d'Angleterre, qui sera l'exemple
« des époux, comme il l'a été
« jusqu'ici des frères, des amis; lui
« seul est digne de toute ma confiance,
« et peut assurer à jamais la félicité
« d'Augusta. Rougissez donc de votre
« faiblesse; je serais un monstre, si je
« devenais sensible à ce qu'elle vou-
« drait m'inspirer, et si je pouvais
« sacrifier tant d'avantages à un goût
« frivole que votre surveillance aurait
« dû prévenir ou étouffer dans sa
« naissance. »

Après cet entretien avec maman,
mon père vint me trouver dans mon
appartement; il me parla avec tant
d'onction, tant de tendresse, me serra
si affectueusement dans ses bras,
versa des larmes si naturelles, enfin
cette entrevue eut tant de douceur
pour moi, que je bénis un instant

les maux affreux qu'il me cause. Jamais ils ne m'inspireront le plus léger sentiment de haine, et je formerai constamment le vœu le plus sincère que la mort prochaine d'Augusta ne trouble pas les jours du meilleur des pères.

Au milieu de ce chaos d'infortunes, ton amie éprouve une douleur qui se fait sentir d'une manière bien plus aiguë. Je ne sais ce qu'est devenu mon amant; j'ignore s'il aime encore son Augusta. Il m'avait paru si tendre, si sincère dans les beaux jours de notre amour! l'ingrat aurait-il pu m'oublier? Ah! que j'étais loin de le penser! il m'avait juré si souvent de m'aimer toute la vie, et de vaincre tous les obstacles qui pourraient s'opposer à notre union, et la première contrariété le décourage! Si mon amant a toujours pour moi la même tendresse, il ne sait donc que gémir.... Je m'éloigne de lui, il ne me suit pas! je lui dis de ne plus m'écrire, et il garde

le silence! je le prie de ne pas contra-
rier le vœu de mon père, de ne point
chercher à ébranler ma faible résolution, et il n'a pas une seule objection
à me faire! peut-être même a-t-il
craint de me voir rétracter. Il a fui
le lieu qu'il habitait, sans m'apprendre sa nouvelle demeure. Le perfide !
il verra dans peu quelle était cette
amante à laquelle il renonce avec
tant de facilité; il reconnaîtra si elle
méritait de sa part d'autres sentimens.
Trop injuste Augusta, ton âme aigrie
par la souffrance te fait mal juger le
plus parfait des hommes. Ciel! peut-
être en ce moment, errant, malheureux, désespéré, il appelle son
indigne maîtresse qui sans doute
aurait dû tout sacrifier à la satisfaction
de son amant fidèle. Ah! si j'entendais
ses gémissemens, si je voyais couler
ses pleurs, oui, je jure que je vo-
lerais dans ses bras, et que je n'écou-
terais plus la voix inhumaine d'une
vertu dont je suis la triste victime;

mais alors il ne m'aimerait plus, il ne m'estimerait pas.... Reste donc toujours vertueuse, infortunée Augusta, et sache mourir digne de ton amant.

Celui à qui mon père a donné ma main, très-heureusemant n'a pour moi aucun sentiment de tendresse. Le vif intérêt qu'il me témoigna à son arrivée à Paris me fesait la plus grande peine. Depuis quelques jours il n'est plus le même : il est devenu froid, indifférent ; il m'a répété sans cesse qu'il veut être mon véritable ami, et cependant il presse toujours le moment de son union avec moi. Tout ne lui dit-il pas que ce n'est point lui que mon cœur a choisi? il ne jouira pas long-temps du triomphe que lui assure la volonté de mon père. La seule consolation qui reste à ta malheureuse amie, est d'espérer qu'elle ne survivra pas à l'hymen qu'on lui prépare. Déja une fièvre lente me consume. Puisses-tu bientôt pleurer la perte de cette Augusta qui t'aima toujours, qui t'embrasse si tendrement, et qui te fait son dernier adieu !

~~~~~~~~~~~~~~~~~~~~~~~~~~~~~~~~~~~~~

LETTRE LXXI.

LE MARQUIS DE VALBONT AU CHEVALIER DE BARVILLE.

Paris, 2 septembre.

POURRAI-je mettre quelque suite, mon cher chevalier, au récit de l'heureux événement que je viens d'éprouver. Si la grande satisfaction, comme la vive peine, peut également aliéner notre raison, tu ne dois pas t'y attendre. Hier j'étais si à plaindre, si infortuné ! aujourd'hui je ne changerais pas mon sort avec le plus puissant roi de la terre. Mais je respire à peine, je dois trembler encore. Augusta est accablée d'une fièvre violente. Hélas! je peux la perdre pour toujours ! cependant les médecins donnent le plus grand espoir qui seul peut me mettre en état de t'écrire.
~~~~~~~~~~~~~~~~~~~~~~~~~~~~~~~~~~~~~

Je te mandais dans ma dernière
lettre que le plus grand des mortels
n'avait pas voulu s'expliquer sur les
moyens qu'il avait en vue pour me
faire obtenir la main d'Augusta. Il a
tenu jusqu'au bout à cette détermination singulière. J'avais mis quelqu'un pour observer sa conduite, et
les lettres les plus alarmantes m'arri-
vaient chaque jour. On me disait qu'il
ne témoignait aucun sentiment d'a-
mour à ma maîtresse, mais qu'il re-
doublait d'attentions envers son père,
et qu'il tombait souvent dans la plus
noire mélancolie; quelquefois il ne
pouvait arrêter ses soupirs; sa situation
prouvait enfin que sa passion pour
Augusta n'avait fait que s'acroître, et
qu'il pressait l'époque de son mariage
avec elle, pour n'avoir plus à me
redouter. Tous ces rapports enflam-
ment mon cœur de la plus affreuse
jalousie; j'ose taxer celle qui mourait
de son amour pour moi, d'intelligence
avec mon rival. J'ose outrager le plus

vertueux, le plus grand des hommes; je lui écris une lettre foudroyante ; chacune de mes expressions est une offense ou une dureté; je finis par lui demander un moment d'entretien , bien résolu de l'immoler à ma fureur ou de devenir moi-même sa victime. Voici qu'elle fut sa réponse.

Billet de M. George au marquis de Valbont.

« Vous ne connaissez pas , mon-
« sieur, l'âme d'un Anglais. Si j'avais
« voulu vous enlever votre amante ,
« je vous aurais dit mon intention
« avec autant de fermeté que j'ai mis
« de franchise à vous promettre de
« favoriser vos vœux. Dans tout autre
« cas, monsieur, j'aurais répondu
« plus énergiquement à de vainesme-
« naces peu faites pour m'effrayer.
« Dans cette circonstance je vous les
« pardonne; vous êtes privé de votre
« raison, ce qui suffit pour les excuser
« entièrement à mes yeux. Au mo-

« ment où j'ai reçu votre délirante
« lettre , j'allais vous écrire pour vous
« prier de vous trouver après demain
« matin de très-bonne heure, au coin
« de la chapelle de B***, où vous
« aurez soin de ne pas vous faire voir.
« Vous m'y verrez , monsieur , ainsi
« que votre amante , et vous jugerez
« si un Anglais sait tenir sa promesse ,
« si vous êtes fondé à me refuser votre
« estime, et à me retirer votre amitié. »

GEORGE.

Cette lettre , quoiqu'énigmatique ,
me rassure un peu ; je lui en écris une
autre pour m'excuser auprès de lui, et
le supplier de me donner plus de détails sur un sujet aussi important pour
moi. Il ne me répondit pas, et je fus
forcé d'attendre le temps qu'il m'avait
assigné, pour connaître le dénouement d'une scène dans laquelle j'allais
trouver la mort ou la vie. A la pointe
du jour indiqué , je me rends à la chapelle , et je ne fus pas long-temps
dans l'impatience cruelle qui m'agitait.

Le bruit des voitures se fait entendre, elles s'arrêtent à la porte de la chapelle, et un nombreux cortège passe près de moi. Je ne doute plus que je ne sois complétement joué ; j'écume de rage et de fureur ; je maudis mon imbécille crédulité qui m'a fait compter sur les promesses du plus perfide des hommes. Je ne vois plus dans sa conduite que l'effet d'une vengeance méditée à l'époque où il connut la préférence qu'Augusta me donnait sur lui, ce qui lui avait suggéré l'idée barbare de me rendre témoin du serment qu'elle allait lui faire. Je me détermine donc, dans l'excès de mon désespoir, à punir une noirceur sans exemple ; je forme le projet de lui percer le cœur près de l'autel de l'hyménée qui avait été préparé pour lui, et de plonger ensuite le même fer dans mon sein, trop heureux de pouvoir expirer avec lui sous les yeux d'un père qui m'était odieux, et à côté d'une indigne amante avec laquelle

je le croyais d'accord. Ah! mon ami,
que l'homme doit craindre le danger
des grandes passions! après être revenu si sincèrement à la vertu, j'étais
pourtant sur le point de commettre
deux homicides; mais je te quitte un
instant pour aller savoir des nouvelles
de mon Augusta.

Réjouis-toi avec ton ami, mon cher
chevalier, le caractère de la maladie
n'est plus si dangereux, la fièvre est
moins forte; ma divine amante est
dans les bras du sommeil, et tout
m'annonce qu'Augusta va m'être
rendue. Je reviens donc à mon récit
avec plus d'ordre et de tranquillité.

Au milieu des personnes qui com-
posaient la noce, je n'avais point
encore distingué mon amante; enfin
j'aperçois une femme vêtue de blanc,
portant une couronne de fleurs;
c'était elle mon cher chevalier; mais
je ne pus la reconnaître; la fraîcheur
de son teint, ses couleurs vives et
éclatantes, son embonpoint, tout

avait été moissonné par les chagrins et les larmes. L'empreinte de la
plus profonde tristesse que présen-
taient ses traits, leur donnait une
forme nouvelle. Je me flatte un instant
que la femme que je voyais et qui
allait s'unir avec George n'était point
Augusta. Elle se traînait à l'autel d'un
pas chancelant. Je m'approche pour
faire cesser mes doutes. Ciel ! je reconnais mon amante. Bientôt je me sens
pénétré d'un saint respect ; j'admire
un dévouement au-dessus des vertus
humaines ; cette auguste cérémonie
que je voulais ensanglanter devient
sacrée pour ton ami. J'oublie mon
amour ou plutôt ma vengeance ; je
lève les mains au ciel, je le supplie
avec ferveur qu'il daigne veiller sur
les jours d'Augusta, et qu'elle puisse
trouver encore dans l'hymen qu'elle
va former contre son cœur, la récompense des vertus héroïques.

Cependant Augusta est à l'autel,
le ministre se prépare à donner la

bénédiction nuptiale ; George , après
avoir jeté les yeux sur moi, demande
qu'on suspende un instant la cérémonie. Il va trouver le père d'Augusta,
et tombant à ses genoux, il lui adresse
ces paroles : « Vous voyez à vos pieds
« le second homme du monde, peut-
« être le plus digne de devenir votre
« fils par ses purs et vifs sentimens
« pour votre incomparable fille ;
« mais, hélas ! il n'était pas né pour
« ce bonheur suprême ; un autre le
« mérite mieux que moi, un autre a
« su gagner le cœur d'Augusta ; c'est
« pour lui que doivent brûler ces flam-
« beaux d'hyménée, c'est -pour lui
« que je viens solliciter et que j'espère
« obtenir votre consentement. Par-
« donnez-moi si je vous ai laissé
« ignorer jusqu'ici un projet que
« j'avais formé depuis long-temps,
« j'ai voulu mieux assurer son exécu-
« tion, j'ai voulu voir en même temps
« si une femme pouvait être suscep-
« tible du plus haut degré de la
« vertu. »

Le père d'Augusta reste pétrifié ;
les assistans gardent un morne silence
qui est tout-à-coup interrompu par
un cri perçant que pousse mon amante
en tombant évanouie sur le parquet
du temple. Rien ne peut plus m'arrêter , je vole à son secours , je perce la
foule qui l'entoure , et j'arrive le
premier auprès d'elle. Je la relève ,
je cherche à la réchauffer en la serrant contre mon sein ; je sens battre
son cœur , et je respire ; les sels les
plus souverains lui sont prodigués ,
sans qu'on puisse la rappeler au mouvement. Son père , désespéré , s'arrachant les cheveux , « s'écrie : ah !
« je consens à tout , sauvez ma fille ;
« trop heureux si elle peut m'être ren-
« due à ce prix. » Enfin Augusta
ouvre les yeux et voit à ses pieds son
amant toujours tendre et fidèle. A
peine ses forces sont-elles revenues ,
qu'elle s'élance dans les bras de son
père, qui, en la comblant de caresses,
lui donne sa bénédiction. Je suis aus-

sitôt dans ceux de George dont je ne puis m'arracher, et après ces deux scènes attendrissantes qu'envain on chercherait à peindre, nous revenons à l'autel et nous sommes unis, malgré les difficultés que voulait faire naître le ministre, et que nous surmontâmes en prenant des arrangemens avec lui.

~~~~~~~~~~~~~~~~~~~~~~~~~~~~~~~~~~~~

LETTRE LXXII.

LA MARQUISE DE VALBONT A MISS SOPHIE.

Paris, 15 septembre.

A travers mille écueils sur la mer la plus orageuse, après des tempêtes violentes, j'arrive enfin, chère Sophie, au port tant desiré que je ne croyais jamais atteindre, et le moindre bienfait qu'il me procure est de me rendre à la vie. Je suis unie, ma bonne amie, au plus adoré des amans, au plus estimable des hommes. Lui seul pou-
~~~~~~~~~~~~~~~~~~~~~~~~~~~~~~~~~~~~

vait être assez vertueux, lui seul pouvait assez aimer sa maîtresse, pour ne
pas l'obtenir au prix de son déshon-
neur. Ah ! qu'on a raison de dire que
le vrai sentier du bonheur est celui
de la vertu ! Mille fois sans doute
avec le même amour, le trop faible
cœur d'Augusta s'en serait écarté ;
mais le hazard, que je bénirai sans
cesse, a voulu qu'elle mît toute sa confiance dans celui qui guida mes pas
incertains, qui fit sa gloire de mon
innocence, et toute son ambition de
ma félicité. Sans les vertus de mon
amant je devenais fille ingrate et dénaturée, amante criminelle et tombant
de précipice en précipice. J'aurais
terminé ma coupable vie en me voyant
méprisée du public, justement ab-
horrée de ma famille, et abandonnée
d'un époux qui ne pouvant plus m'estimer, n'aurait conservé pour moi
qu'une froide indifférence. Ah ! quel
contraste avec ma position actuelle.
Chérie des tendres auteurs de mes

jours , généralement considérée , idolâtrée de mon mari, j'éprouve à-la-fois toutes les affections , toutes les félicités qui peuvent le plus embellir la vie. A peine relevée d'une maladie dangereuse , mon cœur est encore trop faible pour se livrer entièrement à son bonheur; mais la salutaire influence d'un parfait contentement m'assure une convalescence bien courte. Les jouissances de l'amitié me réservent encore de nouvelles douceurs. Tu m'as promis , ma chère Sophie, que si je devenais la marquise de Valbont , tu viendrais finir tes jours avec moi sous le même toit. Je te somme de tenir ta promesse ; ton futur époux est l'intime ami du mien. Qu'il sera charmant pour nous de ne faire qu'une même famille à jamais unie et toujours heureuse ! J'espère donc sous peu te voir arriver. J'ai fait préparer pour te recevoir une aîle de mon hôtel. Tu seras surprise de me voir prendre sitôt ce ton absolu

de maître ; mais mon époux m'a défendu de désigner ses biens comme
lui appartenans ; il prétend qu'en
devenant sa femme, je suis devenue
maîtresse de toutes ses possessions.
Il ne s'est réservé que ses gens, sa
voiture et ses chevaux, encore m'a-
t-il donné des gens, des chevaux et
des voitures. Si je m'avisais de dire,
la terre de mon mari, ses revenus,
son hôtel, il prendrait de l'humeur,
et tu sens bien que j'évite, autant qu'il
est en moi, de lui donner des sujets
d'inquiétude. Cependant je me trouve
souvent embarrassée quand il faut
que je commande en souveraine, moi
qui fus si long-temps le témoin du
peu d'influence qu'on donne dans
nos maisons aux femmes Anglaises,
dont toute la domination se borne à
se mêler des objets les plus minutieux
du ménage. Je ne peux m'accoutumer
à mon importance, et à l'autorité
absolue qu'on a mise dans mes mains.
Presse-toi d'arriver, chère Sophie,

tu me donneras quelques leçons de cette dignité qui t'est si naturelle. Il ne manque d'ailleurs , pour combler tous les vœux de ta fidèle amie, que de se voir habiter avec toi.

P. S. Quel est donc ce qui peut retarder encore ton union avec le chevalier? Tous vos parens y consentent; elle doit faire votre suprême félicité. Il est parfaitement rétabli d'une blessure qui doit te le rendre si cher. Je ne te comprends pas, Sophie. Hâte-toi donc de terminer l'évenement qui doit à jamais nous faire vivre ensemble.

~~~~~~~~~~~~~~~~~~~~~~~~~~~~~~~

LETTRE LXXIII.

Miss Sophie a la marquise de Valbont.

Edimbourg, 25 septembre.

Eu bien! ma chère marquise, croiras-tu maintenant que Sophie sait
~~~~~~~~~~~~~~~~~~~~~~~~~~~~~~~

lire dans l'avenir ? je t'avais prédit que tu épouserais ton amant, et j'étais sûre de ne pas me tromper. J'accepte, ma bonne amie, l'offre que tu me fais de passer ma vie avec toi, d'habiter le même hôtel, et tu n'as fait que prévenir la proposition que je voulais t'en faire ; le moment de notre réunion ne sera pas même éloigné ; car c'est demain que je serai liée, par des liens indissolubles et bien précieux pour moi, à celui qu'il me sera si doux d'aimer toute ma vie.

Le chevalier te dit mille choses honnêtes, il me prie de te faire agréer les assurances de son respect et le sincère témoignage de la grande satisfaction que lui cause ton mariage avec son meilleur ami. Je ne suis point étonnée qu'il te connût si bien sans jamais t'avoir vue ; il fut toujours le discret confident de ton cher époux.

Adieu, ma chère marquise. Dans quinze jours au plus tard je serai près de toi, pour ne plus m'en séparer.

LETTRE LXXIV.

Traduite de l'Anglais.

DE BETZY FEMME DE CHAMBRE DE MISS SOPHIE A LA MARQUISE DE VALBONT.

Londres, 1 octobre.

Madame la marquise,

C'EST avec un grand chgrain que j'ai l'honneur de vous apprendre la fin déplorable de ma chère maîtresse, de son malheureux père et de l'infortuné M. le chevalier son tendre amant, qui touchait au moment de devenir son époux. Ce trop fatal événement m'a fait verser un torrent de larmes qui vont mille fois encore interrompre le plus triste récit.

Mardi dernier, jour arrêté pour passer le contrat de mariage de miss Sophie avec M. le chevalier, ma pauvre maîtresse, levée dès la pointe du jour, attendait avec la plus vive

impatience ce moment si desiré. Déja
les amis communs et le notaire sont
rendus. Surpris de ne pas voir arriver
M. B***, oncle de ma maîtresse , on
envoie un laquais dans sa chambre
le prévenir qu'on n'attandait que lui.
Il avait l'habitude de fermer sa porte
en dedans. Le domestique vient dire
qu'il dormait encore profondément ,
puis qu'ayant frappé plusieurs fois, il
n'avait rendu aucune réponse. Cela
met tout le monde dans l'inquiétude.
miss Sophie vole à la porte de son
oncle, elle frappe à coups redoublés,
l'appelle, et M. B*** ne donnant
aucun signe de vie, elle ne doute plus
qu'il ne lui soit arrivé quelqu'accident.
Très-alarmée, elle vient chercher du
monde, sa porte est enfoncée et M.
B*** est trouvé mort dans son lit
d'une attaque d'apoplexie. Miss Sophie
se trouve mal, et ce jour, qui devait
l'unir à son amant, devient un jour de
deuil pour elle. A peine le bruit de
cette mort est-il répandu que des of-

ficiers de justice, accompagnés par
le plus méchant homme, arrivent chez
nous. Ils dressent le procès-verbal de
la mort du défunt, et puis le monsieur
qui se dit le parent de M. B*** et
son héritier, nous intime le plus
malhonnêtement l'ordre de sortir
sur-le-champ de sa maison. Il exhibe
le testament fait en sa faveur, et
nous apprenons par un ancien domestique, que ce testament sur lequel
il fonde son droit, a été arraché par
une surprise atroce à l'oncle de ma
chère maîtresse. Ce domestique qui
possédait entièrement la confiance de
son maître, nous dit que quinze jours
avant notre arrivée, le même homme,
qui se disait l'héritier de l'oncle de
miss Sophie, était venu un soir avec
deux de ses amis et un notaire,
et qu'il ne doutait pas qu'à cette
époque il n'eût fait signer à son maître
le prétendu testament qu'il montrait
aujourd'hui; mais qu'il donnerait
la preuve que M. B*** passa dans

la plus complète îvresse le temps qu'il avec ces messieurs. Alors nous avons presque la certitude que l'événement qui nous était arrivé en venant à Edimbourg et que nous attribuions à M. D***, est le résultat des menées abominables que le parent de M. B*** mettait en usage pour s'emparer de sa succession. Les renseignemens que nous avons acquis depuis, ne nous permettaient plus d'en douter. Le père de miss Sophie se détermine à revenir à Londres, afin de faire aussitôt valoir les droits naturels qu'il avait à la succession de son beau-frère, et pour tâcher de démasquer, s'il était possible, l'homme le plus dangereux. J'allai prévenir ma maîtresse de cette détermination. Je la trouve dans sa chambre se désolant sur la mort de son oncle. M. le chevalier qui était avec elle, fesait tout ce qui dépendait de lui pour adoucir sa douleur ; mais tous ses efforts devenaient inutiles. Je fais part à miss Sophie de l'intention de son père, qui est de revenir sur-le-champ à Londres. Ma maîtresse encore frappée de ce qui nous était arrivé sur la route d'Edimbourg, me répond d'aller lui dire de sa part, qu'elle ne consentira jamais à retourner à Londres par le même chemin, et qu'elle voulait prendre un paquebot. Je cours lui rapporter le desir de sa fille, auquel il ne fit aucune objection; sur-le-champ il envoya retenir les places qui nous étaient nécessaires, porter tout de suite nos malles à bord, et nous nous embarquons sans perdre un instant avec un temps superbe. Quand nous fûmes à peu près à trente milles du port, il s'éleva une tempête des plus affreuses. L'équipage luta long-temps contre les vents déchaînés et la mer en furie; enfin il perd courage et l'espoir; il ne voit plus de salut que dans la protection de l'Etre suprême. Notre vaisseau avait déja touché, il s'y était fait une voie d'eau considérable, et toutes les pompes en activité ne pouvaient retarder que de quelques instans le moment de notre perte. Ah ! madame la marquise, que n'ai-je une plume plus énergique et plus habile pour vous peindre la scène intéressante qui se passait alors sous mes yeux ! L'amant de ma pauvre maîtresse, la seule personne qui parût calme, cherchait à consoler tour à tour sa chère Sophie et son futur beau-père, et avec cette heureuse tranquillité qu'éprouve l'être vertueux qui voit arriver sa dernière heure, il leur prodigue les plus tendres soins ; il ranime dans leur cœur de douces espérances, en leur présentant les vérités consolantes de la religion, si propre à nous détacher de ce séjour terrestre qui est presque toujours pour nous une vallée de maux et de misères. Plus touchée du triste sort de ma pauvre maîtresse que du danger qui me menace, je vais trouver un matelot mon ten-

dre ami et excellent nageur, je me
jette à ses pieds, j'embrasse ses genoux, et le supplie de sauver, s'il est
possible, miss Sophie, son amant et
son malheureux père. Il me répond
que la chose n'est point en son pouvoir ; ~~que tout ce qu'il~~ peut espérer
est de me sauver la vie. Cette réponse
me met au désespoir ; je conjure mon
amant de sauver plutôt ma maî resse;
le tumulte qui survient dans notre
vaisseau prêt à couler bas, met fin à
ma douleureuse prière. La chaloupe
est mise à la mer, M. le chevalier,
ma maîtresse, son père et quelques
autres personnes y sont conduites. Je
veux m'y précipiter pour mourir du
moins avec miss Sophie, je suis arrê-
tée par le matelot que je sollicitais
pour elle, et à peine la chaloupe est-
elle détachée du vaisseau, que je
vois, hélas ! M. le chevalier, ma
pauvre maîtresse et son père se tenir
tous trois étroitement serrés dans les
bras l'un de l'autre, et presqu'au

même instant eugloutis par la vague écumante. Je tombe évanouie. En reprenant ma raison, je suis tout étonnée de me trouver sur le rivage par les soins infatigables de mon généreux ami. Nous sommes les deux seuls qui se soient sauvés du trop malheureux naufrage qui vous enleve si cruellement, à vous, madame la marquise, la plus sincère amie, et à moi, une chère maîtresse que je ne cesserai de pleurer.

Je suis avec un profond respect, madame la marquise, etc. etc.

P. S. Je joins à ma lettre, madame la marquise, un médaillon dans lequel est un chiffre des cheveux de ma maîtresse, qu'elle m'avait remis pour vous faire parvenir en cas que le hasard me sauvât du naufrage.

Fin du second et dernier volume.